CARTULAIRE

DU

TEMPLE DE VAULX

PUBLIÉ PAR

R. DELACHENAL

PARIS

A. PICARD ET FILS, ÉDITEURS

82, rue Bonaparte, 82

1897

CARTULAIRE

DU

TEMPLE DE VAULX

Extrait du *Bulletin de l'Académie delphinale,* 4ᵐᵒ série, t. X.

Grenoble, imp. F. ALLIER PÈRE ET FILS, cours Saint-André, 26.

CARTULAIRE

DU

TEMPLE DE VAULX

PUBLIÉ PAR

R. DELACHENAL

PARIS

A. PICARD ET FILS, ÉDITEURS

82, rue Bonaparte, 82

1897

INTRODUCTION

L E cartulaire du *Temple de Vaulx*[1], conservé à la bibliothèque de la ville de Lyon sous le n° 3496 du fonds *Coste*[2], est demeuré jusqu'ici inédit et n'a été utilisé qu'à une date récente. Il n'est cité par aucun des historiens dauphinois du xviie et du xviiie siècle, qui, selon toute probabilité, en ont ignoré l'existence.

[1] Le Temple de Vaulx est situé sur le territoire de la commune de Saint-Alban-de-Roche (Isère, arrondissement de la Tour-du-Pin, canton de la Verpillière), appelée, au xviie siècle encore, *Vaulx-Saint-Alban* ou *Saint-Alban-de-Vaulx*. Le nom de Vaulx n'est plus donné aujourd'hui qu'à un hameau de la commune de Vaulx-Milieu, délimité d'une façon arbitraire; mais il était certainement pris à l'origine dans une acception moins restreinte. Il devait s'appliquer à tout le plat pays compris entre les marais au N.-E. et la chaîne de collines qui court au S.-O. Le hameau de Belmont (commune de Vaulx-Milieu) est appelé *Vaulx-Belmont* sur la carte de *Cassini*.

[2] Le *Catalogue de la bibliothèque lyonnaise de M. Coste*, par Aimé Vingtrinier, Lyon, Perrin, 1853, in-8°, p. 139, contient une courte et insuffisante description du cartulaire.

Le premier qui ait appelé l'attention sur ce manuscrit, aujourd'hui encore incomplètement étudié et décrit, est un avocat lyonnais, Cl. Brouchoud, mort il y a peu d'années. Il l'avait copié en entier, se proposant de le publier[1]. Il aurait eu également l'intention d'écrire, sans doute sous forme d'introduction, l'histoire de la commanderie de Vaulx[2], mais on ne sait si ce projet avait reçu un commencement d'exécution. Brouchoud avait communiqué à M. L. Charvet les chartes extraites du cartulaire, qui ont été insérées dans la monographie de la maison-forte de Montbaly[3]. C'est à la même source que M. Niepce avait puisé les renseignements relatifs au cartulaire lui-même, que renferme son étude sur le *Grand-Prieuré d'Auvergne*[4]. On trouve dans cet ouvrage une description sommaire du manuscrit original et une courte citation qui reproduit, avec peu d'exactitude, quelques mots de la première charte[5]. Les recherches entreprises par M. l'abbé Devaux, pour réunir les matériaux de son savant *Essai sur la langue vulgaire du Dauphiné septentrional au moyen-âge*, devaient l'amener à étudier un recueil d'actes écrits

---

[1] « Depuis que j'ai songé moi-même, écrivait-il en 1877, à publier le cartulaire du Temple de Vaulx-Milieu, etc. » (*Revue du Dauphiné et du Vivarais*, Vienne, Savigné, t. I, p. 231). Cf. A. Devaux, *Essai sur la langue vulgaire du Dauphiné septentrional au moyen âge*, Lyon et Paris, 1892, in-8°, p. 21, note 1.

[2] Léopold Niepce, *Le Grand-Prieuré d'Auvergne*, Lyon, Georg, 1883, in-8°, p. 46.

[3] *La maison forte de Montbaly*, etc. (*Revue du Dauphiné et du Vivarais*, t. II [1878], pp. 144-145). — Montbaly ou Montbailly, commune de Vaulx-Milieu.

[4] *Op. cit.*, pp. 45-46.

[5] « La première charte est un acte par lequel *Ademarus Sentorelus dedit Deo et dominis* (lis. : *domui*) *Templi pratum quod fuit* (il manque quatre mots après *pratum*) *Petri Rovone* (lis.: *Rovorie*)... »

dans un latin très incorrect, où les mots et les formes
empruntés à l'idiome populaire se rencontrent en assez
grand nombre. L'examen qu'il a fait de ce document lui a
permis de relever quelques particularités intéressantes
pour l'histoire de l'ancien dialecte dauphinois. Je lui dois
d'utiles indications qui, sur plus d'un point, m'ont facilité
l'établissement du texte.

I

Dans son état actuel, le cartulaire de Vaulx est un
rouleau de parchemin de 5^m28 à 5^m29 de long sur une
largeur moyenne de 0^m15. Il est formé de onze peaux,
rattachées les unes aux autres par de minces bandes de
parchemin, qui passent dans des fentes pratiquées aux
deux extrémités de chacune de ces peaux[1]. Bien qu'il ne
porte la trace d'aucune mutilation violente, il est certain
que le cartulaire n'est plus complet. A la partie supérieure de la première peau se lisent trois lettres (*eno* ou
evo), qui appartenaient évidemment à une charte aujour-
d'hui perdue. Enfin, on distingue encore aisément la
plupart des incisions faites pour relier le fragment disparu
au corps du cartulaire.

Soixante-quatorze chartes sont transcrites, ou plutôt
analysées, — on trouvera plus loin la raison de cette distinction — au recto du parchemin, qui est entièrement
rempli. Dix-huit figurent au verso des peaux 7, 8 et 9 ;
les unes (*Membr*. 7) se lisent dans le même sens qu'au

---

[1] La longueur des peaux est loin d'être uniforme : elle varie
de 0 m. 275 (*Membrana* 9) à 0 m. 650 (*Membrana* 7).

recto, les autres (*Membr.* 8 et 9) en sens contraire, c'est-à-dire en commençant par le bas du rouleau. Il semble tout d'abord que les chartes du verso, peu nombreuses, séparées quelquefois les unes des autres par de larges intervalles, aient été distribuées d'une façon arbitraire. En les examinant de plus près, on reconnaît que, dans certains cas au moins, elles sont bien à leur place, qu'elles ont dû être rapprochées à dessein des chartes correspondantes du recto. Mais c'est un point que l'on ne saurait aborder utilement avant d'avoir quelques notions sur la composition du cartulaire.

Au revers de la première peau on lit cette cote : *Bonum*[1], des dernières années du XVIe siècle ou du commencement du XVIIe, et les lignes suivantes, d'une écriture beaucoup plus moderne :

> « N° 1 — Chapitre Ier du
> temple de Vaux,
> membre de St George,
> sans date ni seignature.
> Contient
> plusieurs donnations
> au proffit du temple de Vaux
> par divers particuliers[2]. »

[1] Ce mot est-il tiré du Psaume 132, v. 1 (« *Ecce quam bonum et quam jucundum fratres habitare in unum* »), qu'on chantait à la réception des frères, au moment où ils revêtaient le manteau de l'Ordre ? (Michelet, *Procès des Templiers*, II, 36).

[2] Cette note est de l'écriture de Batteney de Bonvouloir (voy. ci-après), à l'exception toutefois des mots : *plusieurs donnations au proffit du temple de Vaux*, où il semble qu'il faille reconnaître la main de l'un des prédécesseurs de Batteney, l'archiviste Néron, auquel on doit un inventaire beaucoup moins complet des titres du Grand-Prieuré d'Auvergne, rédigé dans la première moitié du XVIIe siècle.

Le document ainsi annoté est le même que celui dont on trouve une description sommaire dans le tome 6 de l'inventaire manuscrit des titres du Grand-Prieuré d'Auvergne, fait au xviiie siècle (1779-1780) par Batteney de Bonvouloir, archiviste de l'Ordre de Malte :

« Temple de Vaux. — Membre de St George. — Chap. 1er. Biens propres et dixmes.

« N° 1. Roulleau de parchemin contenant plusieurs donnations et ventes faites par divers particuliers y dénommés à la maison du Temple, de plusieurs fonds et rentes y énoncés, tant dans la paroisse de Saint Alban qu'autres lieux circonvoisins, non datté, ni signé, mais suivant l'écriture, de 1180 environ[1]. »

La provenance de ce manuscrit est donc certaine. Conservé à la fin du xviiie siècle dans les archives du Grand-Prieuré d'Auvergne, dont le siège était à Lyon, il en a été distrait à une date et dans des circonstances inconnues. Devenu la propriété de M. Coste, il est, à la mort de ce dernier, entré à la bibliothèque municipale de Lyon, avec la précieuse collection où il avait pris place.

Si l'on excepte la disparition, qu'il y a tout lieu de croire ancienne, de la partie supérieure du rouleau, le cartulaire s'est conservé à peu près intact. Seule, la première des peaux dont il se compose actuellement, a subi quelques dommages ; le bord droit en a été entamé sur plusieurs points. Les chartes 1, 2, 3, 6, présentent quelques lacunes de peu d'importance. En général, on rétablit sans difficulté et d'une façon certaine le petit nombre de mots qui manquent par suite de l'usure ou de

----

[1] Arch. du Rhône, H. 6, fol. 183.

la déchirure du parchemin. Une ou deux restitutions seulement sont conjecturales.

A quelle époque le cartulaire a-t-il été composé ? Incontestablement, il n'est pas l'œuvre d'un seul et même scribe, et on ne saurait lui assigner une date unique. Les changements d'écriture, trop fréquents pour qu'il soit possible de les relever ici, sembleraient indiquer que ce recueil d'actes, dont le caractère sera mieux défini un peu plus loin, a été formé par voie d'additions successives, et que ces additions se sont continuées, d'une façon plus ou moins régulière, pendant une période d'environ quarante ans, comprise entre 1170 ou 1180 et 1223. Si l'écriture n'est pas uniforme, elle ne se rapporte pas non plus à un type bien défini ; c'est une écriture de transition, tenant le milieu entre la minuscule romane ou caroline et la minuscule gothique, caractérisée par la prédominance des formes anguleuses. Un petit nombre de chartes seulement sont écrites d'une plume nette et élégante[1]. La majeure partie des actes trahit une main lourde, peu exercée. La ponctuation est rare ; elle est surtout utile pour la lecture correcte des noms propres[2]. Des accents sont placés sur les *i* répétés, et aussi sur les *i* simples[3], toutes les fois

---

[1] Voy. ch. 22-24 et 54-60.

[2] Encore convient-il d'interpréter exactement les indications fournies par la ponctuation. Dans la liste des témoins de la charte 60, on trouve écrit *Jofredus Boviers*, le nom d'un frère qui est appelé ailleurs *Gaufridus Boverius*. Il ne me paraît pas douteux que *boviers* ou *boverius* désigne simplement les occupations habituelles de ce frère (Cf. ch. 92). Il faut se garder de voir dans *Jofredus Boviers* deux personnages distincts.

[3] A titre d'exemples, je citerai *Duiemu* (Diémoz), *finivit* et tous les mots qui ont pour finale *mi* ou *ni*.

que la clarté l'exige. Enfin, dans la première moitié environ du cartulaire, les mots appartenant à la langue vulgaire portent en général l'accent tonique : *platá, bés, Solérs, marésc, musnár*, etc. Ceci me donne l'occasion de signaler sans y insister, les différences que le texte présente au point de vue de la langue. Si les formes que l'on relève dans une quarantaine de chartes, — les premières du cartulaire, — peuvent être revendiquées par le dialecte dauphinois, dans les cinquante dernières, ce sont des formes empruntées au dialecte bourguignon que l'on rencontre assez ordinairement[1]. Le fait n'a rien qui doive surprendre, car il est probable que le scribe genevois, nommé dans la charte 92[2], n'a pas été appelé à rédiger ce seul acte[3].

Le cartulaire de Vaulx ne renferme la transcription intégrale d'aucun acte ; c'est un recueil de *notices*. Ces notices, tantôt réduites au strict nécessaire, tantôt assez développées, — autant du moins qu'on peut le conjecturer, en l'absence des originaux qui ont tous disparu, — font connaître l'objet du contrat, la situation et les confins des immeubles donnés, vendus ou échangés, la nature des droits acquis, les noms des parties et ceux des témoins[4]. Elles n'indiquent pas à quelle époque les actes ont été passés. Il n'est pas nécessaire de faire remarquer à quel point cette omission est regrettable. Sur 92 chartes

[1] A. Devaux, *Essai*, etc., pp. 128, 133, note 6, et 174.

[2] *In fine* : « Cartam istam Petrinus Gebennensis composuit. »

[3] C'est le même personnage qui est dénommé *Petrus Gebennensis* et *Peronis de Geneveis* dans les chartes 62 et 70.

[4] Les chartes 39 et 45 sont, la première surtout, de véritables *censiers*, incorporés au cartulaire.

analysées d'une façon plus ou moins complète, deux en tout sont datées, la première de 1190[1], la seconde de 1223[2]; l'une et l'autre figurent au verso du parchemin[3]. Quatre-vingt-dix actes ne renferment qu'un seul élément chronologique, en soi d'une précision insuffisante et de nul secours aujourd'hui : le nom du commandeur sous l'administration duquel la charte originale a été dressée.

[1] Ch. 76.

[2] Ch. 92. La date exacte serait plutôt 1224. Voy. une note du texte au sujet de la date de cette charte.

[3] On peut signaler, à titre de comparaison, plusieurs recueils d'actes qui, par leur composition, présentent de l'analogie avec le cartulaire de Vaulx. En première ligne, je citerai le cartulaire des hospitaliers de Saint-Paul-de-Romans, publié par M. Ul. Chevalier (*Collection de cartul. dauph.*, t. III, 1re livraison, Vienne, impr. Savigné, 1875), où le quart seulement des chartes est daté et où ces chartes elles-mêmes sont le plus souvent très abrégées et ramenées du style direct au style indirect. Les « rôles des donations » faites à diverses commanderies de l'Hôpital et dont quelques-uns ont été imprimés, sont des documents de même nature, quoique plus courts (J. Delaville Le Roulx, *Cartul. général de l'Ordre des Hospitaliers de Saint-Jean-de-Jérusalem*, t. 1, Paris, Leroux, 1894, in-f°, pièces 4, 53, 156). Manifestement, ni le cartulaire de Vaulx, ni les recueils similaires ne pouvaient remplacer les actes eux-mêmes; peut-être n'étaient-ils pas destinés à être produits en justice. Mais, grâce à ces résumés, à ces mémoriaux (*Breve recordationis* en latin, *Breu* en provençal), qui rappelaient par certaines mentions essentielles l'ordre de classement adopté, il était toujours facile de se référer aux originaux conservés dans les chartriers. — Enfin, on ne saurait omettre un cartulaire, dont la publication est due également à M. Chevalier et qui a tant de points communs avec celui de Vaulx; je veux parler du cartulaire de l'abbaye de Bonnevaux (*Bulletin de l'Académie delphinale*, 1887-1888, pp. 17-214). Sans doute il a été composé d'une façon plus régulière, plus méthodique; les dates y sont beaucoup moins rares, mais elles manquent souvent aussi, et la brièveté avec laquelle bon nombre d'actes ont été résumés n'est pas imputable au copiste inconnu du XVIII° siècle, qui a transcrit ce document aujourd'hui perdu.

On peut, grâce à ces mentions, — et en supposant que
dans la majeure partie du cartulaire, c'est-à-dire au recto
du parchemin, les chartes se succèdent dans l'ordre même
où il faudrait les disposer si leurs dates étaient connues,
— établir, ainsi qu'il suit, la liste des premiers commandeurs de Vaulx :

      Frère   Olivier[1].

          —   Pierre de la Côte[2].

          —   Anselme ou Antelme[3].

          —   Michel[4].

          —   Guillaume de Fai[5].

          —   Richard de la Valloire[6].

Essayons, à l'aide de ces noms, d'expliquer la distri-
bution, en apparence arbitraire, des chartes du verso.
Si d'abord l'on compare celles qui occupent les deux faces
de la peau 7 (44-53 et 75-85), on voit qu'elles se rapportent les unes et les autres à l'administration de frère
Anselme, que souvent les mêmes parties contractantes
ou les mêmes localités y sont nommées. Il y a donc là un
rapprochement voulu.

[1] Ch. 3, 6, 7, 8, 12, 13, 24.

[2] Ch. 9 : « Hoc factum est in manum Petri Coste, preceptoris
domus Templi de Valt. » C'est le seul cas où il soit qualifié *commandeur*; son nom revient pourtant très souvent dans les actes,
mais il est toujours appelé *frater Templi*. Peut-être avait-il eu à
remplir momentanément les fonctions de commandeur.

[3] Ch. 38-60, 91.

[4] Ch. 61-86. Il était commandeur en 1190 (ch. 76).

[5] Ch. 87-90.

[6] Ch. 92 : « ... et hoc factum fuit tenpore de fratre Rigardo
Valorie, qui illo tenpore precetor Tenpli erat. » Comme ce Richard
n'est nommé que dans cette unique charte et que la mention dont
il est l'objet n'est pas des plus claires, on peut se demander s'il
n'était pas plutôt commandeur du Temple de la Valloire.

Les actes qui figurent au dos des peaux 9 et 8, — on se rappelle qu'il faut renverser le parchemin pour lire les dernières chartes — semblent, au contraire, la continuation pure et simple du cartulaire. La charte unique, analysée au revers de la peau 9 (n° 86), a été passée « du temps de frère Michel, commandeur ». Or, c'est le même nom qu'on retrouve dans les actes les plus récents du recto. Guillaume de Fai et Richard de la Valloire[1], mentionnés seulement au verso de la peau 8 (ch. 87-90 et 92), seraient donc les successeurs de frère Michel, et rien ne contredirait cette hypothèse, si la charte 91, incontestablement de la même main que les quatre qui la précèdent, ne nous ramenait au temps où frère Anselme administrait la commanderie. Faut-il voir là une simple inadvertance, un nom mis pour un autre ? Doit-on supposer, au contraire, qu'un acte, omis à la place qu'il devait occuper, a été ajouté après coup à ceux d'une autre série ? Les deux explications sont plausibles, mais elles ne reposent l'une et l'autre que sur des conjectures.

Quoi qu'il en soit, pour prévenir toute chance d'erreur, les chartes seront publiées dans l'ordre même où elles se présentent sur le manuscrit original, sans intercalation d'aucune sorte. Voici pourtant, à titre d'indication, comment cet ordre devrait être modifié, si la succession des commandeurs, telle que j'ai essayé de l'établir, était absolument certaine :

Chartes	1 — 60
»	75 — 85, 91 (?)
»	61 — 74
»	86 — 90, 91 (?)
»	92

[1] Voy. la réserve faite à son sujet, page précédente, note 6.

II

On sait déjà que deux chartes en tout sont datées, l'une
de 1190, l'autre de 1223. Cette dernière étant très vraisemblablement la plus récente de celles qui figurent au
cartulaire, on connaît l'une des dates extrêmes entre
lesquelles sont compris les actes qu'il renferme. Il reste
à trouver une deuxième date, à fixer, si la chose est
possible, la limite supérieure, au delà de laquelle il ne
soit plus possible de remonter. Mais on ne saurait se
flatter d'aboutir à un résultat aussi précis, bien que
l'examen du cartulaire permette de serrer la question
d'assez près.

Il ressort de la lecture de quelques-unes des chartes
les plus anciennes, que les Templiers de Vaulx ont une
église à eux et un chapelain (*capellanus Templi*), pour la
desservir [1]. Cet état de choses eût-il été possible avant la
promulgation de la célèbre bulle d'Alexandre III, *Omne
datum optimum*, qu'on a justement appelée la *Grande-
Charte* de l'Ordre du Temple [2] ? On a quelque peine à
l'admettre, surtout quand il s'agit d'une commanderie
assez peu importante, comme paraît l'avoir été celle de
Vaulx. Or, la bulle en question a été donnée à Tours le
18 juin 1163; elle a été confirmée dans des termes presque

---

[1] Ch. 25 : « Villelmus, capellanus Templi... »
— 28 : « Guilelmus, sacerdos ecclesie Templi... »
— 38 : « Aymo, capellanus Templi... »

[2] Hans Prutz, *Entwicklung und Untergang des Tempelherrenor-
dens*, Berlin, G. Grote, 1888, in-8°, pp. 33-40. Voy. p. 38 : « Mit
Recht hat man diese Bulle als *die Magna Charta des Templerordens*
bezeichnet. »

identiques à Anagni, dix ans plus tard (26 octobre 1173[1]).
Ce sont les privilèges concédés par Alexandre III, qui
ont consacré l'indépendance spirituelle des Templiers,
et les ont soustraits à la juridiction des évêques diocé-
sains, pour les placer directement sous celle du pape.
Autorisés déjà à construire des chapelles ou oratoires
dans toutes leurs maisons, ils ont, en outre, obtenu la

---

[1] On conserve aux Archives nationales (L. 230, n° 13) une expédition originale de la bulle de 1163. Elle est adressée « *dilectis filiis,
Bertranno* (Bertrand de Blanchefort) *magistro religiose militie
Templi quod Jerosolimis situm est,* etc. ». Elle est ainsi datée :
« *Datum Turonibus per manum Hermanni sancte Romane ecclesie
subdiaconi et notarii XIIII Kal. julii indict. X, incarnationis
dominice anno M° C° LXIII°, pontificatus vero domini Alexandri
pape III anno quarto.* »
Cette bulle n'a jamais été imprimée, mais on peut à peine dire
qu'elle soit inédite. Celle de 1173, publiée par Rymer (édit. de 1816,
t. I, pp. 27-28), en reproduit fidèlement le texte, à quelques différences près. Il est à remarquer d'ailleurs que le second de ces deux
actes n'est point donné comme une confirmation du premier, auquel il ne se réfère pas. Le paragraphe : « *Ceterum decimas.....
vobis auctoritate apostolica confirmamus* », qui est dans Rymer,
manque dans L. 230[13]. En revanche, le passage suivant ne se trouve
que dans la bulle de 1163 : « *Quicumque autem de facultatibus sibi
a Deo collatis vobis subvenerit et in vestra sancta fraternitate se
collegam statuerit, vobisque beneficia persolverit annuatim, septi-
mam ei injuncte pe[nitenti]e, confisi de beatorum apostolorum
Petri et Pauli meritis, indulgemus. Si vero excommunicatus fuerit
et eum mori contigerit, ei cum aliis Christianis sepultura eccle-
siastica non negetur.* » — La bulle de 1173 est adressée : « *dilectis
filiis, Oddoni* (Eudes de Saint-Amand), *magistro religiosæ militiæ,* etc. », et ainsi datée : « *Datum Anagniæ per manum Gra-
tiani sanctæ Romanæ ecclesiæ subdiaconi et notarii, VII kal.
novembris, indictione VI, incarnationis dominicæ anno MCLXXIII,
pontificatus vero domini Alexandri Papæ III anno quinto decimo.* »
On retrouve encore le même texte, avec des modifications qu'il
est sans intérêt de signaler ici, dans une bulle de Lucius III, du
4 mai 1183 (Rymer, édit. de 1816, I, 37-38).

faculté d'agréger à l'Ordre, des prêtres, qui sous le nom de *chapelains*, accompliraient toutes les fonctions du culte. Les plus anciennes chartes du cartulaire ne sauraient donc être antérieures à la période qui s'étend de 1163 à 1173. Je concède qu'il ne faut pas s'exagérer la portée de l'argument tiré des deux bulles d'Alexandre III, car, dans certains cas, elles ont pu régulariser une situation de fait, tolérée ou subie par l'autorité ecclésiastique[1].

Les derniers mots de la charte 5 permettent de lui assigner une date comprise entre 1163 et 1170, peut-être très voisine de 1170. Il est question dans cet acte d'une donation reçue par Geoffroy Foucher, commandeur du Temple » (*in manum Gaufridi Fulcherii, preceptorem (sic) Templi*). Or, G. Foucher, qu'il faut se garder de prendre pour un commandeur de Vaulx, n'est pas un inconnu[2]. Il est mentionné dans plusieurs documents, qui presque tous, il est vrai, ne sont datés que d'une façon approximative. Simple frère du Temple vers 1153[3], il fut chargé quelques années plus tard (1162-1163), par le Grand-Maître Bertrand de Blanchefort, d'une mission auprès du roi de France Louis VII[4]. Peu de temps après son retour en Terre-Sainte, il fut nommé commandeur de

---

[1] La commanderie du Temple de Richerenche (Vaucluse, arrondissement d'Orange, canton de Valréas), fondée, semble-t-il, vers 1135 ou 1136, paraît avoir eu, dès l'origine, des frères **chapelains** (Bibl. Calvet, à Avignon, man. 2488, ch. 11, 17, 28, 30, 37, etc.).

[2] *Les familles d'outre-mer de Du Cange*, publiées par E.-G. Rey, Paris, 1869, in-4°, pp. 874-875 (Collection des *Documents inédits*). — *Hist. littér. de France*, t. XIV, pp. 30-33. — *Nouv. biogr. génér.*, XX, 27.

[3] *Recueil des historiens de France*, t. XIV, p. 622. Lettre de Saint-Bernard à Hugues, évêque d'Ostie.

[4] HF., XVI, 38 E, 60 C, 62 D. Lettres de G. Foucher à Louis VII.

la maison du Temple de Jérusalem[1]. En 1170 et 1171, on le retrouve en France, mais investi de fonctions nouvelles et très importantes. Le titre qui lui est donné et qu'il prend encore en 1179, dans une lettre écrite au pape Alexandre III en faveur du chapitre de Noyon[2], est celui de « Maître du Temple en Occident » *(cis mare Templi magister)*[3]. G. Foucher étant qualifié dans la charte 5, *commandeur du Temple*, et non point *maître* ou *commandeur d'Occident*, il semble tout d'abord que l'acte ait dû nécessairement être passé après 1163 et avant 1170. Cette conclusion s'imposerait absolument, si les appellations usitées pour désigner les grands dignitaires de l'Ordre n'étaient souvent très vagues[4]. Il se peut que les

[1] HF., XVI, 62 D. « ... frater Gaufredus Fulcherii, Hierosolymitanæ domus Templi præceptor... ». Dans une lettre précédente (*ibid.*, p. 60 C), il se dit simplement « domorum pauperis militiæ Templi procurator indignus ». Comme je le répéterai plus loin, rien n'est moins précis que les appellations par lesquelles on désigne les grands dignitaires du Temple.

[2] HF., XV, 967. Gaufridi Fulcherii, domorum Templi citra mare præceptoris, ad Alexandrum. Circa an. 1179. — Abel Lefranc, *Hist. de la ville de Noyon et de ses institutions jusqu'à la fin du XIIIe siècle*, Paris, F. Viewey, 1887, in-8°, pp. 129 et 192.

[3] HF., XVI, 608 B. Lettre de Jean de Salisbury, de 1170 : « ... et fratrem G. Fulcherii, *magistrum Templi...* ». — Arch. nat., K. 23, pièce 15⁴ (1170 environ) : « Hoc vero fratris Gaufridi Fulcherii factum est consilio, *qui cis mare Templi magister erat* ». Publ. par R. de Lasteyrie, *Cartulaire général de Paris*, I, 1887, pp. 408-409. **Cf.** H. de Curzon, *La maison du Temple de Paris*, Paris, Hachette, 1888, in-8°, pp. 26-28. — Arch. nat., K. 25, 4⁵. Confirmation par G. Foucher d'une donation faite à Saint-Victor. Paris, 1171 (date certaine) : « Notum sit tam futuris quam presentibus quod ego Gaufridus Fulcherii, *pauperum Templi cis mare existens procurator humilis*, etc. ».

[4] Hugues de Péraut ou de Peyraud (*H. de Peraldo*), qui, en 1292, remplissait des fonctions analogues à celles dont était investi

mots *preceptor Templi* n'aient pas ici un sens précis, et que G. Foucher fût déjà *commandeur d'Occident* ou *d'outremer*. Dans ce cas, c'est à l'une des deux années 1170 ou 1171 que je rapporterais la charte où il est nommé, parce que, à cette époque, sa présence en France est attestée d'une façon positive par divers actes, dont un au moins a une date certaine.

Malgré l'insuffisance et le manque de précision des quelques données chronologiques qu'il est possible de réunir, une double conclusion paraît s'imposer : c'est que la rédaction des plus anciennes chartes actuellement conservées se place entre 1170 et 1180, et que — ceci ressort de l'écriture — leur transcription abrégée dans le cartulaire a dû suivre d'assez près cette rédaction. Il en résulte que l'hypothèse déjà émise, et qui consiste à voir dans le cartulaire l'œuvre successive de plusieurs scribes, devient très vraisemblable. De fréquents changements d'écriture s'expliquent très aisément, si l'on se trouve en présence non point d'un recueil composé d'une façon méthodique, à une date déterminée, mais d'une sorte de mémorial, destiné à relater brièvement les acquisitions faites par le Temple, presque au fur et à mesure qu'elles étaient réalisées.

G. Foucher, est appelé *preceptor militie Templi* (*Olim*, II, 337. — H. de Curzon, *op. cit.*, p. 28, note 1). *Visitator generalis, procurator generalis*, et probablement aussi *preceptor passagii ultramarini*, doivent avoir été synonymes de *magister cis* ou *citra mare*. — Au demeurant, on ne peut être surpris qu'un des personnages les plus considérables de l'Ordre soit désigné dans un acte d'une façon très sommaire. L'un des témoins d'une charte de 1250-1260, conservée aux archives du Rhône, dans le fonds de Vaulx, est *frater Henricus, passagii*. Or, il s'agit d'Henri de Dôle, qui n'était autre que le *commandeur du passage d'outre-mer*.

III

L'histoire des établissements formés par les Templiers dans le Dauphiné n'a pas encore été écrite [1] et il est douteux que les recherches, même les plus persévérantes, permettent jamais de combler cette regrettable lacune. Les maisons du Temple étaient en Dauphiné, comme partout ailleurs, assez nombreuses ; il est légitime de supposer que la fondation des plus anciennes d'entre elles remontait au moins au milieu du xiie siècle [2] ; mais on ne sait rien de leurs origines [3], rien non plus de leurs desti-

[1] L'article que Guy Allard a consacré aux Templiers (*Dictionn. histor. du Dauphiné*, publié par Gariel, Grenoble, 1864, 2 vol. in-8°) est d'une rare insignifiance : « Les Templiers furent condamnés au concile de Vienne en l'an 1311... Les chevaliers de Saint Jean de Jérusalem leur ont succédé en leurs biens dans cette province, où ils en avaient de considérables, plusieurs desquels sont encore appelés Temples. » — Valbonnais parle incidemment des possessions de l'ordre de Malte en Dauphiné ; ce qu'il en dit est fort incomplet et n'est vrai que pour le xviiie siècle (t. II, pp. 160-162). — La *Statistique générale du département de l'Isère* ne mentionne, sous la rubrique : *Commanderies de Malte* (t. III, p. 431), que quatre commanderies, dont deux seulement (Échirolles et Vaulx) fondées par les Templiers.

[2] La charte de Moirans, concédée en 1164, contient une disposition, fréquemment reproduite dans les documents de même nature, mais d'où l'on peut inférer qu'à cette date les Templiers avaient déjà acquis des biens dans la province : « Liberum erit omnibus [et] cuilibet sine licentia Domini vendere, oppignorare sive donare, exceptis Hospitalariis, *Templariis*, Ecclesiis, militibus et filiis eorum. » (Valbonnais, I, 16).

[3] Il en est ainsi pour la plupart, sinon pour toutes les régions de la France. Voy. J. Roman, *L'Ordre de Saint Jean de Jérusalem dans les Hautes-Alpes* (*Bulletin de l'Académie delphinale*, 1883, pp. 170-205), pp. 184-185 : « ... nous connaissons mal les posses-

nées, au moins jusqu'à une époque où depuis longtemps elles avaient passé en d'autres mains. Tout au plus est-il possible de dresser la liste de ces établissements. Travail de pure statistique, utile pourtant et non sans difficulté, car les moyens d'information directe faisant défaut, force est d'y suppléer à l'aide des seules indications que les documents du XIIe et du XIIIe siècle fournissent trop rarement et d'une façon incidente.

Les archives du *Grand-Prieuré d'Auvergne*, conservées aujourd'hui au dépôt départemental du Rhône, sont bien

sions des Templiers dans les Alpes. Voici cependant quelques terres qui leur avaient appartenu certainement avant d'être données à l'ordre de Saint Jean, etc. » — Cl. Guigue, qui énumère douze maisons du Temple situées dans les limites du département de l'Ain, n'a pu retrouver les dates de fondation que de trois d'entre elles (*Les établissements des Templiers et des chevaliers de Saint Jean de Jérusalem ou de Malte dans le département de l'Ain. — Revue de la Société littér., histor. et archéol. du département de l'Ain*, I [1872], pp. 24-29, 69-72, 136-139). — Le P. Bullioud, après avoir déterminé dans son *Lugdunum sacro-prophanum*, Index, XII, p. 89 (Man. de la Bibl. de la ville de Lyon), l'emplacement occupé par l'ancien Temple de Lyon, ajoute qu'il lui a été impossible de découvrir à quelle époque les Templiers sont venus s'établir dans cette ville (« ... mihi omnino incompertum est. »). — M. A. Perrin aboutit au même résultat négatif quant à l'origine des commanderies du Temple et de l'Hôpital en Savoie : « L'époque de leur création est peu connue (?), les titres de donation n'ayant pas été conservés. » (*Congrès des Soc. savantes savoisiennes tenu à Montmélian le 10 et le 11 août 1885. Compte rendu de la 7e session*, Chambéry, 1885, in-8°. pp. 143-147. *Les Templiers et les Hospitaliers en Savoie*). — Enfin, pour terminer par un exemple emprunté aux annales d'une province du nord de la France, je citerai l'historien du Valois, Carlier, qui s'exprime ainsi : « Ce qu'il y a d'extraordinaire, c'est que de toutes les maisons de cet ordre qui ont été fondées dans ce pays, il n'en est pas une seule dont on connaisse l'origine par les titres. » (*Hist. du duché de Valois*, II, 112).

loin de fournir la somme de renseignements qu'on s'attendrait à y trouver. En effet, ce sont les hospitaliers de Saint-Jean-de-Jérusalem, appelés plus tard chevaliers de Malte, qui, à des conditions fort onéreuses, ont recueilli la plus grande partie des biens des Templiers; c'est à eux qu'a été faite la remise des titres qui constataient les droits du Temple[1]. Mais le fonds du Grand-Prieuré d'Auvergne ne renferme plus, depuis longtemps, qu'un très petit nombre de documents antérieurs au xive siècle. Le cartulaire de Vaulx est une de ces épaves, sauvée on ne sait par quel hasard, et si, à divers égards, il présente un réel intérêt, il ne jette aucun jour sur l'histoire si obscure des Templiers du Dauphiné.

La seule commanderie mentionnée d'une façon expresse dans le cartulaire, — en dehors de celle de Vaulx, — est la commanderie de la Valloire[2]. Cette appellation est par elle-même peu précise, le mot *Valloire* désignant une région naturelle[3] et non point une localité déterminée[4].

[1] On trouve aux archives du Rhône (H. 25) la plupart des documents ayant trait à cette transmission. Mais ce sont des lettres patentes ou des mandements conçus en termes généraux et dont il n'y a aucun parti à tirer pour l'histoire du Temple dans une province déterminée.

[2] Domus Vallis Aurce (ch. 6); — de Valloria (ch. 43). — Preceptor de Valloiri (ch. 52); — de Vallori (ch. 43, 80); — Templi Valorie (ch. 92). — Frater E. de Vallore (ch. 89).

Indirectement, le cartulaire nous fait connaître quatre autres maisons du Temple : les commanderies des Abrets, de Bressieux, de Maurienne et de Tiricu (ch. 91, 36, 79).

[3] La Valloire, qui comprend une partie des cantons de Beaurepaire (Isère) et du Grand-Serre (Drôme), s'étend de la Bièvre jusqu'au Rhône.

[4] Il y a bien un village ou hameau de *la Valloire* sur la commune d'Anneyron (Drôme), mais il n'a jamais été le siège d'une commanderie.

Mais il s'agit évidemment ici de l'établissement fondé par les Templiers à Beaurepaire, et que les Hospitaliers de Saint-Jean-de-Jérusalem durent céder, en 1317, au dauphin Jean II[1].

Une charte, conservée aux archives du Rhône dans le fonds de Vaulx, dont la date ne peut être restituée que d'une façon approximative, mais qui a été rédigée entre 1250 et 1260, contient plusieurs indications intéressantes[2]. Elle fait connaître, outre cette même commanderie de la Valloire[3], celle de Bressieux[4]. Au nombre des témoins de l'acte figure le commandeur du Viennois[5], dignitaire qu'un document de l'année 1275 appelle en termes plus

[1] Arch. de l'Isère, B. 2978, fol. 197 (19 avril 1317) : « ... permutaverunt (*les procureurs généraux de l'Ordre de Saint Jean de Jérusalem*) et ex causa permutacionis tradiderunt et quasi prefato domino dalphino..... quicquid dictum hospitale habebat et habere poterat et debebat in Valle aurea, videlicet in castro Belli Repayre et ejus mandamento, et in castro Regalis Montis et mandamento ejusdem... » Valbonnais a publié (t. II, pp. 160-161) le texte des conventions passées entre le dauphin et l'Ordre de Saint Jean, pour régler toutes les questions relatives à la dévolution des biens du Temple ; mais il a pratiqué de nombreuses coupures dans ce texte, d'ailleurs fort long, et il s'est glissé dans les quelques lignes que j'ai reproduites une erreur de transcription, qui n'est point sans gravité : « ... quicquid dictum hospitale habebat et habere poterat et debebat in Valle aurea, *et* (au lieu de *videlicet*) in castro Belli Repayre, etc. ».

[2] Arch. du Rhône, fonds de Vaulx, carton 1. Une déchirure du parchemin ne permet plus de lire complètement la date de cette charte, qui a été passée *le lundi après l'octave de la Purification de la Vierge, l'an MCC...* On peut cependant reconnaître à certains indices que la dernière partie de la date était un nombre compris entre L et LX.

[3] « Inter Aymonem, preceptorem milicie Templi de Valloria, etc. »

[4] « Frater Michael, preceptor de Bresiaco... »

[5] « Frater Juvenis, preceptor Vienn. » L'abréviation doit être plus logiquement résolue : *Vienn(esii)* que *Vienn(e)*.

explicites : *preceptor in Viennesio milicie Templi*[1]. On sait
que les maisons de l'Ordre étaient réparties en provinces,
régies par des commandeurs, d'un rang supérieur à celui
des frères préposés à l'administration d'une simple commanderie[2]. Quelquefois, notamment en Provence, ils
étaient qualifiés *maîtres*[3].

Quelles limites doit-on assigner au Viennois, en tant
qu'il constitue une des provinces de l'Ordre du Temple[4] ?
Faute d'un texte précis, la question ne saurait être résolue
d'une façon certaine. Il est possible que le Viennois, ainsi
entendu, comprît non seulement le diocèse de Vienne,
mais encore tous les domaines des dauphins situés dans
le diocèse de Grenoble. Quoi qu'il en soit, si, au XIIIᵉ siècle,
les maisons du Temple sont groupées par provinces, elles
sont indépendantes les unes des autres. Rien n'indique
qu'il existât entre elles une hiérarchie analogue à celle

[1] Ul. Chevalier, *Invent. des arch. des Dauphins de Viennois à
Saint-André de Grenoble, en 1346*, Lyon, 1871, in-8°, n° 409.

[2] C'est ainsi que l'on trouve au XIIIᵉ siècle un *preceptor domorum Templi* (ou *milicie Templi*) *in Burgundia*, un *preceptor domorum Templi in Aquitania, in Normannia*, etc.

[3] Arch. nat., J. 732, n° 78 : « ... fratre Roncelino de Fos, magistro
domorum milicie Templi in Provincia... » (13 octobre 1269). Il est
à remarquer que le sceau appendu à l'acte porte comme légende :
S. PRECEPTORIS PROVINCIE. — Cf. Ul. Chevalier, *Invent.
des arch. des Dauphins*, etc., n° 1305 (29 mai 1274). — Dom Vaissète,
Hist. de Languedoc, VIII, 650-651 (25 avril 1214) : « ... majoribus
magistris milicie Templi in Aragonia et Provincia... ».

[4] Rechercher comment ces provinces étaient délimitées, particulièrement à l'origine, est chose fort délicate. M. Luchaire écrit
qu'« il y eut d'abord un précepteur (commandeur) par diocèse
(XIIᵉ siècle) et plus tard un précepteur par bailliage (XIIIᵉ siècle) ».
(*Manuel des instit. franç. Période des Capétiens directs*, Paris,
Hachette, 1892, in-8°, p. 112). Mais on ne trouve nulle part la preuve
que les choses se soient passées avec une pareille régularité.

qui, à une époque relativement récente, fut introduite dans les possessions de Malte, pour en faciliter la bonne administration.

Voici la liste à peu près complète des commanderies fondées par les Templiers dans les limites du département actuel de l'Isère. J'y ai fait figurer les simples « temples », maisons ou domaines, qui n'ont jamais été qualifiés *commanderies*, ou du moins auxquels ce nom n'est donné dans aucun document connu[1].

ABRETS (les)[2], commanderie.

Allevard[3].

AVALLON[4], commanderie.

BEAUREPAIRE ou la Valloire, commanderie[5].

Bennet, commune de Merlas[6].

---

[1] M. Emm. Pilot de Thorey, auteur du *Dictionnaire topographique du département de l'Isère*, encore inédit, a bien voulu me donner des renseignements, qui m'ont permis d'ajouter plusieurs noms à cette liste et de rectifier quelques identifications inexactes.

[2] Cartul. de Vaulx, ch. 91. — Pouillé de Vienne (XIVe siècle), « Preceptor templi de Arbretis ». Dépendait, au XVIIe siècle, de la commanderie des Échelles (Arch. du Rhône, II. 1). — Les Abrets, canton du Pont-de-Beauvoisin, arrondissement de la Tour-du-Pin.

[3] Arch. des Bouches-du-Rhône, II. 1117 (Fonds du Grand-Prieuré de Saint Gilles. Titres de la commanderie d'Échirolles). Lettres de l'official de la cour épiscopale de Grenoble pour la remise à l'Ordre de Saint Jean de Jérusalem des biens du Temple (1er mai 1314). — Allevard, arrondissement de Grenoble, chef-lieu de canton.

[4] Eugène Burnier, *Cartulaire de la Chartreuse de Saint Hugon en Savoie*, p. 292, ch. 01 (1218) : « ... Villelmus magister Templi Avalonis... ». — Avallon, commune de Saint-Maximin, canton de Goncelin, arrondissement de Grenoble.

[5] Un quartier de Beaurepaire est encore dit : *le Temple*.

[6] « ... de feudo templi de Beneto... » (10 juin 1450), cité par A. Chapelle, dans *Petite Revue dauphinoise*, 2e année, [1887], p. 139, note 7. — Bennet, commune de Merlas, canton de Saint-Geoire, arrondissement de la Tour-du-Pin.

Bessay [1].

BRESSIEUX [2], commanderie.

Cluze-et-Paquier [3].

ÉCHIROLLES [4], commanderie.

Jons ou Pommier [5].

Mens [6].

MONTIRACLE [7], commanderie.

[1] Arch. du Rhône. Titres communs de Saint-Georges. Liasse 1, n° 2 (1704) « ... Temple de Bessay, paroisse de Recoin, mandement de Clermont-Tonnerre, diocèse de Vienne ».

Recoin ou Recoing, commune de la Bâtie-Divisin.

[2] Cartul. de Vaulx, ch. 35 et 36. — Arch. du Rhône, fonds de Vaulx, carton 1 : « ... frater Michaël, preceptor de Bresiaco... » (1250-1260). — Pouillé de Vienne (xive siècle) : « Preceptor templi Breyssiaci ». Au xviie siècle, le temple de Bressieux était une dépendance de la commanderie de Bellecombe (Arch. du Rhône, H. 137, fol. 87 [1615]. Visites de Malte).

Le Temple, hameau de la commune de Saint-Siméon-de-Bressieux, canton de Saint-Étienne-de-Saint-Geoirs, arrondissement de Saint-Marcellin.

[3] Pilot de Thorey.

Cluze-et-Paquier, arrondissement de Grenoble, canton de Vif.

[4] Valbonnais, I, 22. « Libertates concesse civibus Gratianopolis... a domo Templi de Exchiroliis... » (1244). — Pouillé de Grenoble (fin du xive siècle), publié par M. Marion (Cartul. de Saint Hugues, p. 340) : « Preceptoria Eschirolarum ». — Arch. des Bouches-du-Rhône, titres d'Échirolles.

La commanderie d'Échirolles, qui était une dépendance du Grand-Prieuré de Saint Gilles, de l'ordre de Malte, fut unie à la commanderie de Valence le 21 mai 1654, par délibération de la « vénérable langue de Provence ».

[5] Jons, canton de Meyzieu, arrondissement de Vienne.

[6] Arch. des Bouches-du-Rhône, H. 1143 (Fonds du Grand-Prieuré de Saint Gilles, commanderie de Valence) : « ... et pro sex denariis censualibus domui Templi de Mencio moris antique faciendis, de cujus dominio consistit... » (13 décembre 1310).

Mens, arrondissement de Grenoble, chef-lieu de canton.

[7] Arch. de l'Isère, B. 2978, fol. 212 (19 avril 1317) : « ... in baronia

Ornacieux [1], commanderie.

Perier (le) [2].

Planaise ou Réaumont, commanderie [3].

de Turre, super rebus et juribus domus de Montelliaco... ». — Pouillé de Vienne (xiv° siècle) : « Preceptor de Montilliaco ». — Arch. du Rhône, H. 1312, fol. 14 v°, 1er février 1338 (Terrier de Montiracle) : « ... preceptoris... domus Templi de Montylliaclo... ». Une erreur de lecture ou de transcription a rendu Montiracle méconnaissable sous la forme *Monthiach* (Valbonnais, II, 162. — Mansuet, *Hist. des Templiers*, Paris, 1789, 2 vol. in-8°, t. II, p. 334). — Au xvii° siècle, cette maison n'était plus qu'un « membre » de la commanderie de Saint Georges de Lyon.

Montiracle, commune de Villemoirieu, canton de Crémieu, arrondissement de la Tour-du-Pin, fait partie du village ou hameau de Béthenou, englobé dans Villemoirieu. La « Præceptoria S. Joannis de Bethenos » du pouillé de Vienne, de 1523 (publié par M. Ul. Chevalier dans le *Bulletin de la Soc. dép. d'archéol. et de statist. de la Drôme*, 2° année [1867], tirage à part, p. 47), est la commanderie de Montiracle.

[1] Pouillé de Vienne (xiv° siècle). « Preceptor templi (de) Ornaceo ». — Arch. du Rhône, H. 137, fol. 84. Visite de 1615. — Ornacieux n'était plus, au xvii° siècle, qu'une dépendance de Bellecombe.

Ornacieux, canton de la Côte-Saint-André, arrondissement de la Tour-du-Pin.

[2] Le temple du Périer passa à l'ordre de Saint Jean de Jérusalem. — Arch. de l'Isère, B. 3120, fol. 149 (*Designatio castrorum delphinálium et Graisivaudani*, etc. 1339) : « Item domus *templi* et hospitalis S¹¹ Johannis Jherosolimitani ».

Le Périer, canton de Valbonnais, arrondissement de Grenoble. Lieu dit *la Temple*.

[3] Pouillé de Vienne (xiv° siècle) : « Preceptor de Palaveysi (lis. : Palaneysi). — Ul. Chevalier, *Invent. des arch. des Dauphins*, etc., n° 409 : « Item quodam instrumentum factum manu Guarini notarii publici sub anno Incarnationis Dominice M° CC° LXXV°, VII kal. aprilis, continens quod *preceptor in Viennesio militie Templi* recognovit se tenere a domino dalphino *castrum de Planeysia* cum suo mandamento et locum de Vourey ». — Le temple de Planaise ou de Réaumont (canton de Rives, arrondissement de Grenoble), avec tout ce que les Templiers avaient possédé dans ledit mandement, fut cédé par les Hospitaliers à Jean II, en 1317.

Pommier. Voy. Jons.

Recoin ou Recoing. Voy. Bessay.

Saint-Blaise-de-Buis [1].

Saint-Étienne-de-Crossey [2].

Tirieu [3].

Valloire (la). Voy. Beaurepaire.

Vaulx, commanderie.

Vienne [4].

Villard-Benoît [5].

Vourey [6].

---

[1] Pilot de Thorey. — Saint-Blaise-de-Buis, canton de Rives, arrondissement de Saint-Marcellin.

[2] Pilot de Thorey. — Saint-Étienne-de-Crossey, canton de Voiron, arrondissement de Grenoble.

[3] Cartul. de Vaulx, ch. 77, 79. — C. Guigue, *Cartul. lyonn.*, t. II, p. 293 [octobre 1270] : « ... et terram templi de *Creeuz* (lis. : *Tireuz*)... ». — « Templum de Treuz », « Domus templi de Trevoz *(sic)* », dans deux pouillés du diocèse de Lyon, l'un de la fin du XIII, l'autre du commencement du XIV siècle, publié par Aug. Bernard à la suite des cartulaires de Savigny et d'Ainay. — Tirieu (commune de Courtenay, canton de Morestel, arrondissement de la Tour-du-Pin) fut plus tard une dépendance de la commanderie de Saint Georges de Lyon. Il y a encore dans cette localité un lieu dit *le Temple*.

[4] *Recherches sur les antiquités de la ville de Vienne... par Nicolas Chorier*. Nouvelle édition (donnée par Cochard), Lyon, Millon, 1828, in-8°, p. 220. Il y avait à Vienne, au XIII siècle, une *maison du Temple*, qui servait peut-être de résidence au commandeur du Viennois. Évidemment elle n'avait pas passé à l'Ordre de Saint Jean de Jérusalem. Chorier déclare ne pas savoir où elle était située.

[5] Arch. du Rhône, Terrier d'Allevard et d'Avallon, n° 4 (1728), fol. 7 v°, 10. — Villard-Benoît, commune de Pontcharra. Lieu dit *les Templiers*.

[6] Arch. des Bouches-du-Rhône, H. 1117. — Vourey, canton de Rives, arrondissement de Grenoble.

L'histoire des Templiers du Dauphiné demeure enveloppée d'un tel mystère, qu'il ne paraîtra pas étonnant qu'on ignore à quelle époque et par qui a été fondée la commanderie de Vaulx. Toutefois, il n'est pas impossible d'entrevoir une partie de la vérité. Plusieurs donations sont faites aux Templiers par Garin de Vaulx et ses deux fils Olivier et Aimar[1]. On sait aussi que leurs ancêtres avaient déjà été les bienfaiteurs du Temple[2]. Évidemment, la famille à laquelle appartenait Garin était celle des seigneurs de Vaulx[3]. Il n'est pas téméraire de supposer qu'un membre de cette famille, — peut-être le père de Garin, — a donné le terrain sur lequel se sont élevés les bâtiments de la commanderie, ou contribué de toute autre façon à sa création. Si ce n'était trop entrer dans la voie des conjectures, je ferais remarquer que le premier commandeur de Vaulx dont nous connaissions l'existence s'appelle *Olivier*. Ce nom, que porte aussi l'un des fils de Garin, n'autorise-t-il pas à penser qu'il y avait entre eux un lien de parenté[4]? Olivier ne serait-il pas un frère de Garin? Sans doute une pareille supposition n'a qu'un fondement bien fragile, mais elle n'est pas invraisemblable, et, si elle était justifiée, il faudrait sans doute rat-

---

[1] Ch. 24, 36, 55, 82.

[2] Ch. 36 : « ... ipsi laudaverunt domui Templi de Valt omnia illa que ipsi et antecessores eorum dederunt domui Templi de Valt... »

[3] Ch. 55 : « ... *dominus* Oliverius de Vaus... ».

[4] Il n'y a pas d'argument à tirer de ce fait que dans la charte 3 il est appelé simplement *Olivier de Vaulx*, et non, comme d'ordinaire, *Olivier commandeur de Vaulx*. Le scribe a pu omettre les mots *preceptoris de Valt*, ou *qui tunc erat preceptor Templi*. Ervis, commandeur de Valloire, est, d'ailleurs, appelé simplement *Ervisius de Valloiri* (ch. 36).

tacher l'origine de la commanderie à l'entrée d'Olivier
dans la milice du Temple [1].

IV

On ne peut tirer du cartulaire de Vaulx que très peu
de renseignements utiles pour l'histoire des mœurs ou
des institutions; je les ai groupés dans un des derniers
paragraphes de cette introduction. Malheureusement, ils
ne jettent aucune lumière sur les points qu'il y aurait le
plus d'intérêt à élucider, en particulier sur la condition
des personnes et des terres en Dauphiné, à la fin du
XIIe siècle En revanche, le cartulaire donne une idée assez
exacte de ce que dut être, à l'origine, le morcellement de
la propriété féodale. Entre 1150 et 1200 subsistent encore
quantité de petites seigneuries, qui ne tarderont pas à
perdre leur existence propre, à se confondre dans les
domaines de quelque puissant voisin. Chose singulière, il
n'est pas fait mention une seule fois des comtes d'Albon,
des barons de la Tour, ni même des comtes de Savoie,
quoique Vaulx soit situé dans une région où ils comptaient
alors de nombreux vassaux et où leur influence était pré-
pondérante. Mais on peut recueillir sur les seigneurs de
différentes châtellenies du Viennois des notions précises
qu'on ne trouve point ailleurs. Je prendrai, à titre
d'exemple, une localité importante du Viennois, dont les

---

[1] Cf. H. de Curzon, *La règle du Temple*, édit. de la Soc. de l'hist.
de France, p. 13, n° 3, note 1 : « On pense, et cela est probable,
malgré l'absence de preuves, que Hugues [de Payns] lui-même donna
sa terre de Payns à l'Ordre et l'érigea en chef-lieu de commanderie,
ainsi que firent plusieurs de ses compagnons. »

origines sont obscures ou plutôt ignorées, et le nom même insuffisamment expliqué : je veux parler de Bourgoin [1].

On connaît, par le cartulaire des Écouges, deux des seigneurs primitifs de Bourgoin, Bruno et Siffroi, qui vivaient encore au commencement du XIIIe siècle [2]. Leurs noms n'apparaissent pas une seule fois dans les chartes de l'abbaye de Bonnevaux, mais le cartulaire de Vaulx les mentionne fréquemment et donne sur eux quelques renseignements inédits. Il nous apprend notamment que Bruno et Siffroi étaient frères et que leur mère s'appelait *Flandina* [3]. Ils n'étaient pas les seuls seigneurs de Bourgoin. A la fin du XIIe siècle, on trouve établie dans le Viennois une famille, issue peut-être de la Provence, et qui, dans tous les cas, portait l'un des noms les plus illustres de cette province, celui des Baux. Elle est représentée par trois frères, Aimar, Oudry et Guillaume *des Baux* ou *de Baux ;* ils ont une sœur appelée *Faleva* [4]. Le nom de

---

[1] La forme latine la plus ancienne *Bergusium* ou *Bergusia* ne se retrouve, au moyen âge, que dans une charte du cartulaire de Saint-André-le-Bas de Vienne : *Berguciu* (18 novembre 927). De bonne heure a existé une deuxième forme, *Burgundium*, dérivée sans doute par analogie de *Burgundia*. C'est *Burgundium* que représentent les nombreuses variantes *Bergon, Bergun, Burgon, Bergoig, Bourgoin,* etc.

[2] *Académie delphinale. Documents inédits*, t. I (*Cartulaire de la Chartreuse des Écouges*, publié par M. le chanoine Auvergne), pp. 104, 105, n° 15 (1203) : « ... Burno et Sinfredus domini de Bergoin... ». Sont encore mentionnés dans le même cartulaire : *Guillelmus de Bergoin* (ch. 11, sans date, 2e moitié du XIIe siècle), *Lodoicus de Bergon et filius ejus* (ch. 9, même date approximative).

[3] Ch. 75 : « Borno de Bergon, et frater ejus Sinfredus, et Flandina, mater eorum... ».

[4] Cartulaire de Vaulx, ch. 50 « ... domina Willelma dels Balt et Aemarus, filius ejus, et Willelmus et Uldricus, et Faleva, soror

leur père n'est pas indiqué [1]; on sait celui de leur mère (*Guillame* ou *Villame* [2]), mais on ne connaît ni sa famille, ni son pays d'origine. Aimar de Baux fut certainement seigneur ou coseigneur de Bourgoin dans la première moitié du xiiie siècle [3]. Son fils et successeur, nommé aussi Aimar, qui fut le dernier de sa race, et auquel sa tante Alice, veuve d'Étienne de « Saint-Treu », avait fait l'abandon de ses droits [4], céda, en 1253, à Albert de la Tour tout ce qu'il possédait à Bourgoin [5]. Dix ans après,

corum... ». Il résulte de la ch. 73 que *Falera* n'est pas la seule fille de *Willelma d. B. Uldricus* est appelé ailleurs *Oldricus* (ch. 87) et *Huedricus* (ch. 67 et 72). Quant au nom de la famille, il revêt les formes *del Balz, del Ballz, dels Ball, dels Bals, del Baz* (*Cartul. de Vaulx*, ch. 72, 73, 67, 50, 45, 87); *del Balz* (*Cartul. des Écouges*, n° 11); *de Baulio* et *del Bauz* (*Cartul. de Bonnevaux*, n° 60). — Un hameau de la commune de Roche s'appelle encore *les Baux* (écrit à tort *les Beaux*; au sud de la commune, du côté d'Artas).

[1] Serait-ce *Guido dels Bals* mentionné dans la charte 45 et dans le cartulaire des Écouges (ch. 11)? Ces deux documents n'étant pas datés, il serait imprudent de se prononcer. Gui pourrait être un frère d'Aimar, d'Oury et de Guillaume.

[2] Ch. 50 et 73.

[3] Un acte qui va être utilisé parle de lui en ces termes : « ... Alays de Baucio..., soror *quondam Ademari de Baucio, domini de Bergon, Viennensis diocesis*... ».

[4] Arch. départ. de Vaucluse. Fonds de la principauté d'Orange, liasse 16. Vienne, mars 1251 ou 1252. Ce document n'était connu jusqu'ici que par une courte analyse de l'inventaire man. de la Chambre des comptes de Grenoble, où la qualification de seigneur de Bourgoin, donnée à Aimar de Baux, est précisément omise (A. Prudhomme, *Notice histor. sur la ville de Bourgoin*, Vienne, Savigné, 1881, in-8°, p. 6). M. Barthélemy (*Invent. chronol. et analyt. de la maison de Baux*, Marseille, 1882, in-8°, 2e supplément, n° 73, pp. 542, 543) a également analysé cette charte, mais sans pouvoir établir la filiation d'Alice de Baux, veuve d'Étienne de Saint-Treu.

[5] Inventaire man. de la Chambre des comptes de Grenoble. *Bourgoin.* Vente passée en décembre 1253 par « Aymar de Baux » en

la dynastie des seigneurs primitifs perdait, à son tour, pour des motifs inconnus, ses domaines héréditaires. En 1263, Berlion et Bruno, fils de ce Siffroi dont il est fait mention dans le cartulaire des Écouges, et Guillaume, qui était leur frère ou leur cousin, vendaient à Pierre de Savoie tous leurs droits sur Bourgoin et sur son mandement[1]. Cette aliénation, dont les vraies causes sont encore à déterminer, paraît n'avoir pas été absolument volontaire. Il semble qu'elle ait été la conséquence d'une courte guerre, heureuse pour Pierre de Savoie, et qui, en 1250, le rendit maître de Bourgoin[2]. Ce n'est pas le lieu d'exposer ici par suite de quelles vicissitudes cette petite ville passa, à la fin du xiiie siècle (1293), sous la domination exclusive des barons de la Tour, devenus dauphins de Vienne[3].

En combinant ce que nous apprennent le cartulaire de Vaulx et les chartes de l'abbaye de Bonnevaux, qui concernent la même région, on arriverait à compléter sur plus d'un point la généalogie des anciennes familles du Viennois (Bocsozel, Beauvoir, Fallavier, Septême, etc.[4]). C'est un ordre de recherches qu'il suffit d'indiquer; le

faveur d' « Eynard », seigneur de la Tour, de tout ce qu'il pouvait avoir au château de Bourgoin, tant en hommes, services, cens, prés, bois, terres, juridiction qu'autres, pour le prix de 20,000 sols. Cf. Prudhomme, *op. et loc. cit.* — Il est à remarquer qu'Aimar de Baux est qualifié de clerc dans la charte de 1251.

[1] A. Prudhomme, *op. et loc. cit.*

[2] Sur ce point obscur, voy. Wurstemberger, *Peter II, Graf von Savoyen*, I, 325, et IV, 144, n° 272. Il se peut que Guillaume de Bourgoin ait été un débiteur insolvable de Pierre de Savoie.

[3] A. Prudhomme, *op. cit.*, pp. 7, 8.

[4] Voy. pour les Torchefelon, ch. 63; pour les Malet, seigneurs de Villefontaine, ch. 62; pour les seigneurs primitifs de Saint-Bonnet, ch. 63.

plus souvent elles seront facilitées par l'annotation du texte. Je me bornerai à extraire du cartulaire les renseignements, fort clairsemés, qui peuvent offrir quelque intérêt à un point de vue plus général.

V

1º *Organisation et administration du Temple.* — A la tête de la commanderie est un commandeur appelé *preceptor*, ou beaucoup plus rarement *procurator*[1], ces deux termes étant certainement synonymes. Les frères placés sous ses ordres étaient au nombre de quatre à l'origine; plus tard le nombre paraît s'en être accru; mais il n'est pas toujours facile de discerner si tous les Templiers, mentionnés dans un acte, appartiennent à la même maison. La distinction entre les *chevaliers*, d'une part, les *frères sergents* et les *frères de métiers*, de l'autre, est marquée dans un seul cas par la qualification de *milites Templi* donnée à deux témoins[2]. Les frères sergents ne sont désignés par aucun terme spécial; il en est de même pour les frères de métiers; toutefois la nature des occupations attribuées à ces derniers ne peut laisser aucun doute sur leur condition : *frater Aimo, li bergiers* (ch. 91); *Ansellmus, pistor,* (ch. 86); *fratrem Giraudum bulboculum (bubulcum)*

---

[1] Ch. 75 : « ... Anselmus procurator domus... ».

[2] Ch. 35. La règle du Temple reconnaît trois catégories de frères (*chevaliers, sergents et frères de métiers*), mais elle ne les distingue pas très nettement les unes des autres. Voy. H. de Curzon, *La Règle du Temple,* édit. de la *Soc. de l'hist. de France,* pp. xx et xxii. L'art. 509 (*op. cit.,* p. 269) semble opposer les *frères de couvent* (chevaliers et sergents) aux *frères de mestier,* comme si ces derniers ne faisaient pas partie de l'Ordre.

(ch. 92). C'est peut-être dans la même catégorie qu'il faut ranger le cellérier *(cellarers,* ch. 36; *claviger,* ch. 86; *penulius,* ch. 92).* Trois des chapelains du temple de Vaulx sont nommés dans le Cartulaire. Ce sont Guillaume *(Villelmus, capellanus Templi,* ch. 25, 33, appelé ailleurs *Guillelmus, sacerdos ecclesie Templi,* ch. 58), Aymon *(Aymo, capellanus Templi,* ch. 38), et Milon *(Milo,* ch. 36, 46, 51, 80). On doit remarquer l'intervention assez fréquente du commandeur de la Valloire dans les actes passés au profit du Temple de Vaulx, lors même que cette maison est déjà pourvue d'un commandeur propre (ch. 80). Faut-il en conclure que la commanderie de Vaulx dépendait de celle de la Valloire? On n'a aucune raison suffisante pour l'admettre. La proximité expliquerait au besoin le rôle joué par le commandeur de la Valloire, qui, à certaines époques, a pu être en même temps commandeur du Viennois et exercer à ce titre une autorité réelle sur les autres commanderies de la province.

Le temple, comme toute famille religieuse, avait ses *donnés, oblats* ou *convers.* C'étaient des laïques, qui, pour être associés aux prières des frères et participer aux mêmes faveurs spirituelles, se donnaient à l'Ordre, auquel ils faisaient une aumône plus ou moins importante. La donation de soi-même peut avoir un effet immédiat, c'est-à-dire du vivant des *donnés.* Souvent aussi elle ne devient effective qu'à leur mort *(ad obitum suum)*[1]. La « confrérie », obtenue même après le décès, est encore précieuse à plusieurs égards ; sans parler des prières

---

[1] Ch. 24 : « ... Garinus *de Valt* dedit Deo et domui Templi se ipsum, et uxorem suam, ad obitum suum, etc. ». — Ch. 64 : « ... Boso *Boirons* et Falca, uxor ejus, in cimiterio Templi de Vallibus seipsos ad sepeliendum concesserunt... ».

auxquelles ont droit tous les défunts de l'Ordre, les convers *ad obitum* sont assurés d'être enterrés dans le cimetière de la Commanderie, et ce mode de sépulture les soustrait, en temps d'interdit, à quelques-unes des conséquences les plus rigoureuses et les plus redoutées de la législation ecclésiastique[1]. Enfin, si la règle du Temple défend de recevoir des sœurs dans l'Ordre[2], les femmes peuvent, grâce à une sorte d'affiliation posthume, bénéficier, après leur mort, des avantages spirituels auxquels elles ne sauraient prétendre de leur vivant[3].

2° Circonscriptions ecclésiastiques. — Pour désigner une paroisse, le Cartulaire emploie indifféremment les mots *parochia* et *diocesis*.

Ch. 9 : « ... unam condaminam que est in diocesi Sancti Boniti... ». *Ibid.* « ... in parrochiam S[i] Germani... ».

---

[1] Voy. bulle de 1163-1173 (*Omne datum optimum*). En temps d'interdit, les inhumations se font dans les cimetières du Temple avec les prières et les cérémonies accoutumées. Enfin, s'il avait été admis à la confrérie du Temple, un excommunié peut, au moins dans certains cas, recevoir la sépulture chrétienne.

[2] H. de Curzon, *La Règle du Temple*, p. 69, art. 70. « Des serors. ... Dames por serors de ci en avant ne soient receues en la maison dou Temple... ». M. de Curzon paraît admettre que cette prohibition vise seulement la résidence dans les bâtiments mêmes habités par les frères; il se fonde sur ce que de tout temps « l'Hôpital compta dans son sein des données » (p. 69, note 1).

[3] Le cartulaire nous offre un exemple d'une femme qui se donne à l'Ordre; comme elle est mariée et mère de plusieurs enfants, il s'agit ou d'une union de prières ou d'une donation *ad obitum*. Ch. 62 : « Noverint omnes quod domina de Villa, scilicet uxor Arberti *Malezt*, quando venit ad ordinem, etc. ». Une charte du cartul. des Hospitaliers de Saint Paul de Romans fait bien comprendre le caractère d'une semblable affiliation : « Na Guitgeira se dona a Deu et a l'Ospital de Sain-Poul et a povres de Jherusalem per confrairessa, *e a sa fin la devon sosterra coma seror* et deu l'om metre josta son paire, etc. » (ch. 53).

Ch. 10 : « ... in diocesi St Germani... ».

Ch. 25 : « ... in parochia St Albani... ».

Nous savons encore qu'il y avait un curé ou desservant *(capellanus)* dans les localités suivantes :

Bourgoin (*Aymo, Hemo, sacerdos;* l'église est sous le vocable de Saint Jean) ; — Crachier (ch. 45); — Fallavier (ch. 74); — Four (ch. 87); — l'Isle-d'Abeau (ch. 65).

Dans le diocèse de Vienne, comme ailleurs, on constate l'inféodation des dîmes à des laïques; une partie de la dîme de Panossas est cédée aux Templiers de Vaulx, par celui qui en était détenteur, probablement le seigneur du lieu [1].

Condition des personnes. — Il est inutile de rappeler qu'au xiie siècle le servage subsiste à peu près partout en Dauphiné, atténué sans doute déjà, pour des causes multiples, mais dans une mesure qu'il n'est pas possible de déterminer. En tout cas, le cartulaire nous offre de nombreux exemples d'hommes donnés ou vendus en même temps que le sol qu'ils cultivent et auquel ils sont attachés [2]. Le Temple est sur ce point dans les mêmes conditions que tout propriétaire féodal [3]. Il a ses « hom-

---

[1] *Willelmus de Panosas* (ch. 46). L'art. 58 de la règle autorise les Templiers à posséder des dîmes, non seulement lorsqu'elles leur ont été concédées par l'évêque, mais même, du consentement de celui-ci, lorsqu'elles leur ont été abandonnées par des laïques qui n'avaient pas le droit de les détenir.

[2] Ch. 11, 40, 45, 57, 63 : « ... Petrus Brun dedit domui Templi ... Petrum Dia et tenimentum ejus » (ch. 45). — « ... Aimardus Malet et Ugo Malet dederunt Deo et fratribus Templi... Martinum Vola et vineam suam... » (ch. 57), etc.

[3] Règle, art. 57 : « ... et poés avoir terres et homes et vilains et chaus tenir et governer justement et vostre droiture prendre d'eauz si come il est establi especiaument... ».

mes » (*homines Templi*), ses serfs, si l'on veut, acquis les uns à titre gratuit, les autres à titre onéreux. La protection du Temple devait évidemment être très efficace et partant fort recherchée. Il se peut que plus d'un homme libre ait acheté cette protection au prix de sa liberté, dans l'impuissance où il était de se protéger lui-même. Mais je ne trouve dans le cartulaire de Vaulx aucun exemple d'un semblable contrat[1].

Condition des terres. — Elles sont ou possédées en pleine propriété, en *alleu (in alodium, sive in predium, quod idem est*[2]*)*, ou placées, à quelque titre, sous la dépendance d'un seigneur. Bien que l'on rencontre les expressions *in phedu, in feu*[3], à côté des mots plus fréquents *tenimentum, mas*[4], il ne semble pas que les premières désignent une tenure noble, les seconds une tenure servile, une censive ; en réalité, ces termes sont synonymes et s'appliquent indistinctement à toute espèce de tenure[5].

Les redevances censuelles se paient en argent ou en nature. Les termes usités pour ce paiement sont : la Nativité, le 1er dimanche de carême ou Quadragésime,

---

[1] La charte 38 (« *Aymars S[i] Boneti accepit universas res quas habebat apud S. Bonitum a domo Templi* et ipse Aymars devenit homo de domo Templi, etc.* ») vise en réalité une « reprise en fief », comme celle qui est spécifiée beaucoup plus clairement dans les chartes 31 et 41.

[2] Ch. 39.

[3] In phedu (ch. 69); in feu (ch. 31).

[4] La synonymie de tenimentum et de mas résulte du rapprochement des chartes 28 (*in mas Petri Lagerii*) et 39, *in fine* (*Petrus Lagiers* et Guilelmus, nepos ejus, detbent *in suo tenimento*).

[5] Ch. 40 : « ... Aemarus Senioretus dedit Deo et domui Templi *de Valt* pro sepultura Roberti nepotis sui *feodum Alardi et suum tenimentum,* et filium fratris Alardi et suum tenimentum, et Macibo et filios ejus, et omnia que habebant ab eo... ».

la « foire des pins » *(feira de pins, nundinæ de pins),*
peut-être la foire de la Tour-du-Pin[1].

Monnaie. — Il n'est question dans le cartulaire que
de la monnaie Viennoise. Deux fois seulement un prix
est évalué en livres (ch. 47, 54). Habituellement on
compte par sous et deniers. Le mot *nomnus (nummus),*
qui n'est employé qu'une fois, doit désigner le denier[2].

Mesures agraires. — On distingue la sétérée *(sextaria*
pour *sextariata[3]),* équivalant à un journal et demi[4];
l'*eminata[5]*, qui est la demi-sétérée, et la *cartalata[6]* (ch. 18),
où il faut voir probablement la moitié de l'*eminata.*

---

[1] Pour ces divers points, voir la charte 39, qui, comme je l'ai déjà
dit, est un véritable censier.

[2] Ch. 55.

[3] Ch. 18.

[4] Arch. du Rhône, H. 1352, fol. 4. « Entente des mesures des
fondz, grains et droictz de laudz. — Savoir est qu'aux mandements
de Saint-Alban, Maubecq, les Esparres, composantz le marquizat
de Maubecq, Vaux, Millieu et Roche, Fallavier, l'Isle d'Abbeaux et
Bourgoind, rière lesquels mandements sont assiz les fondz et pro-
priettés subjectes aux servis dudit Temple de Vaux... une sesterée
vault ung journal 1/2. Ainsi on la pratique audict mandement de
Bourgoind. »

Le terrier H. 1352 est de 1670, mais les renseignements qu'il fournit sur les poids et mesures en usage aux environs de Bourgoin
sont la reproduction d'un document plus ancien, qui peut remonter
au XVe ou au XVIe siècle. Actuellement, dans cette même région, le
journal équivaut à 2,400 ou 2,500 m. q , suivant les localités; la
sétérée aurait donc eu une superficie de 3,600 à 3,750 m. q., assez
voisine de celle de l'arpent parisien. Le procès-verbal de la revi-
sion des feux effectuée en 1702 aboutit à un résultat très différent;
mais il est probable que « le journal local » de Vaulx Saint-Alban,
estimé dans ce document à 883 toises quarrées royales, est la sétérée (Arch. nat., KK. 1191, fol. 1296).

[5] Ch. 20.

[6] Ch. 18.

4

Pour les vignes, l'unité de superficie n'est pas indiquée. Il est possible que ce fût dès cette époque la fossérée, c'est-à-dire le 1/8 du journal[1].

Mesures de capacité. — 1° Le sétier *(sextarius)* ; 2° la *mine*, qui est la moitié du sétier ; 3° le *cartal* ou *cartaut (cartale*, ch. 39*)*, appelé aussi *bichet*, et beaucoup plus souvent *metier (meter, mailuer,* etc.*)* ; c'est le 1/8 du sétier[2].

La mesure usitée pour le vin paraît avoir été la *quarte (cartam vini*, ch. 3*)*, équivalant peut-être à la coupe ou au 1/16 du sétier[3].

Mentions de voyages ou d'expéditions outre mer. — On n'en relève que deux et elles sont faites en termes trop vagues pour qu'on y puisse voir une allusion certaine à une croisade déterminée[4]. Il faut se rappeler toutefois qu'Albert II, baron de la Tour, prit part à la croisade de 1190, — celle de Philippe-Auguste et de Richard Cœur-de-Lion, — et qu'un grand nombre de seigneurs de la région imitèrent son exemple.

VI

L'histoire de la commanderie de Vaulx, à partir du xiiie siècle, n'est guère mieux connue que ses origines.

Au cours du long procès des Templiers, — sur lequel les

[1] Arch. du Rhône, II. 1352.

[2] *Ibid.* « ... lequel meytier est autant qu'un bichet... ». — « Ung cartal, c'est-à-dire un meytier, ou un bichet, ou deux bichettes... ».

[3] *Ibid.* « Une cope quarte et la cope vault autant l'ung que l'autre, checun 1/2 bichette ou douze escuellées... ».

[4] Ch. 27. « *Quando Girardus de Vallibus perrexit trans mare*, dedit Deo et domui Templi unam *peci* de terra in planiciis Vallium ». Ch. 84. « Idem Armandus (Lumbardus) dedit fratribus Templi

procédures accumulées ne font pas complètement la lumière[1] — le Temple de Vaulx n'est mentionné qu'une seule fois, mais dans l'une des dépositions les plus explicites qui aient été recueillies. Elle émane de frère Raoul de Gizy, jadis commandeur de la maison de Lagny-le-Sec et de Sommereux, au diocèse de Beauvais[2]. Lorsqu'il fut interrogé par les commissaires pontificaux (15 janvier 1311), il ne portait déjà plus le manteau des Templiers, qu'il avait quitté l'année précédente, au moment de sa comparution devant le concile de la province ecclésiastique de Sens, réuni à Paris. Cette assemblée l'avait traité avec indulgence, sans doute à cause de la netteté de ses aveux; il avait été absous et réconcilié par l'évêque de Paris[3]. Devant les commissaires du pape, son attitude resta ce qu'elle avait été devant ses premiers juges. Sa déposition, dont on a suspecté la sincérité[4], et qui, dans le fond, ne diffère pas de celle des autres frères, nous révèle un fait intéressant et qui ne saurait ici être passé sous silence. Raoul de Gizy rapporte d'une façon assez dramatique un entretien qu'il eut dans la maison même du Temple de

hec omnia supradicta que habebat a fratribus Templi, *si contingat eum non redire de partibus transmarinis* et mori sine herede... ».

[1] Voy. *Le Procès des Templiers*, publ. par Michelet dans la collection des *Doc. inédits*, 2 vol. in-4°, 1851.

[2] Michelet, *Procès des Templiers*, t. I, pp. 394 et suiv. « Radulphus de Gisi, serviens, preceptor domus Templi de Latinhaco Sicco et de Somorens, Belvacensis diocesis, et receptor Campanie pro domino rege Francorum... » (15 janvier 1311).

Lagny-le-Sec, Oise, arrondissement de Senlis, canton de Nanteuil.

Sommereux, Oise, arrondissement de Beauvais, canton de Grand-villiers.

[3] *Ibid.*

[4] Lavocat, *Procès des frères et de l'Ordre du Temple*, Paris, Plon, 1888, in-8°, pp. 152, 153.

Vaulx avec le visiteur de France, Hugues de Pérault (ou de Peyraud). Ce dernier est l'un des quatre grands dignitaires de l'Ordre, sur le sort desquels le pape se réserva de statuer, qui, en 1314, furent condamnés devant le parvis de Notre-Dame à une prison perpétuelle, et dont deux, — le Grand-Maître et le commandeur de Normandie, — rétractèrent aussitôt, par un véritable coup de théâtre, leurs précédents aveux[1]. On sait que le soir du même jour les malheureux relaps furent brûlés dans une île de la Cité, *l'Ile des Juifs*. On ignore comment finirent les deux autres dignitaires qui ne s'étaient pas rétractés, — le visiteur de France et le commandeur d'Aquitaine.

Quoi qu'il en soit, Hugues de Pérault s'était rencontré avec Raoul de Gizy, peu de temps avant que les poursuites ne fussent commencées contre l'Ordre. Leur entrevue avait eu lieu dans les environs de Lyon, en 1305, à l'occasion du couronnement de Clément V, auquel ils étaient venus assister[2]. A cette époque, Raoul de Gizy, à qui certaines pratiques de l'Ordre causaient des scrupules, s'en était déjà ouvert, sous le secret de la confession, à un religieux mineur, frère Jean de Dijon, pénitencier du Pape. Les révélations qu'il lui fit étaient de telle nature, que « ledit frère s'était mis à se signer, pris de stupeur. Finalement il lui avait accordé l'absolution, lui imposant pour pénitence de se donner de fréquentes et rudes disciplines, mais secrètement, pour

---

[1] *Continuatio chronici Guillelmi de Nangiaco*, édit. de la Soc. de l'hist. de France, I, 402-404.

Ces quatre grands dignitaires étaient le Grand-Maître, Jacques de Molay, le visiteur de France, Hugues de Pérault, les commandeurs ou maîtres d'Aquitaine et de Normandie, Geoffroi de Gonneville et Geoffroi de Charnay.

[2] *Procès des Templiers*, I, 401-402.

que les autres frères n'en sussent rien ; en cas d'empê-
chement, elles seraient remplacées par le jeûne et d'autres
bonnes œuvres. A l'avenir, Raoul de Gizy ne devait plus
recevoir personne dans la milice du Temple suivant le
mode usité, et il s'emploierait, au contraire, de tout son
pouvoir, à extirper de l'Ordre les erreurs qu'il dénonçait.
Il promit de le faire. A quelque temps de là, ayant rencontré, près de Lyon, frère Hugues de Pérault[1], il le pressa
d'extirper ces mêmes erreurs. Frère Hugues lui répondit
d'attendre l'arrivée du Grand-Maître, qui devait venir
d'outre-mer, et il jura, la main sur la croix de son manteau, que, si le dit Maître ne voulait pas accomplir cette
réforme, il l'accomplirait lui-même, car il savait bien que
dans ce cas tous les frères le suivraient ; *et, au moment où
ces paroles furent prononcées, les deux interlocuteurs se
trouvaient dans la maison du Temple de Vaulx, à six
lieues de Lyon ;* personne n'assistait à leur entretien ».

Après la suppression de l'Ordre du Temple, la commanderie de Vaulx passa aux mains des Hospitaliers de
Saint-Jean-de-Jérusalem. Leur entrée en jouissance ne
paraît pas avoir été entravée par les usurpations ou les ré-
sistances intéressées, qui, sur d'autres points du Dauphiné,
les obligèrent à accepter des transactions plus ou moins
onéreuses[2]. Mais, dans la seconde moitié du XIVe siècle,

---

[1] R. de Gizy avait été reçu dans l'Ordre par H. de Pérault, « per
fratrem Hugonem de Peraldo, tunc preceptorem d'Espalhi, in aula
domus Templi de Valleia, Trecensis diocesis, quadam die domi-
nica post festum beati Remigii proximo preteritum fuerunt XXVI
anni vel circa ». Sa réception remontait à l'année 1281 environ.

[2] Valbonnais, II, 161-162. Lorsque les Templiers eurent été arrê-
tés, on fit main basse sur leurs biens. On trouve quelques détails
intéressants à cet égard aux archives des Bouches-du-Rhône, dans
le fonds de la commanderie d'Échirolles.

ils eurent fort à souffrir des entreprises d'un voisin singu-
lièrement incommode et brutal. Je veux parler du seigneur de Maubec, sur les terres duquel le Temple de
Vaulx était situé[1]. Le traité de 1355, conclu avec la Savoie,
venait de céder à la France plusieurs châtellenies voi-
sines de Bourgoin, et où l'autorité royale était encore mal
affermie ; au nombre de ces acquisitions figurait la seigneurie de Maubec. Le commandeur de Vaulx, Raymond
de Villeneuve, qui perdait l'appui du duc de Savoie et avait
sans doute de bonnes raisons pour ne pas se croire en
sûreté, se mit sous la protection du Dauphin Charles.

Les lettres de sauvegarde qu'il obtint en 1363[2] eurent
toutefois un effet contraire à celui qu'il en attendait ; elles
déchaînèrent l'orage qu'elles devaient prévenir. François,
seigneur de Maubec, conçut la plus vive irritation de la
démarche du commandeur. Très jeune encore, ayant à
peine atteint l'âge d'homme[3], il se laissait aller à toute la
fougue d'un tempérament, qui eût été mieux fait pour

---

[1] Tout ce qui va suivre est extrait des lettres de rémission accordées à François de Maubec en juin 1370 (Arch. nat., JJ. 101,
fol. 106 v° - 108, pièce 136) et d'une procédure originale, conservée
à la bibliothèque de la ville de Lyon (fonds *Morin-Pons*, dossier
Maubec). Ce dernier manuscrit, — ou plutôt la copie moderne et
peu correcte qui y est jointe, — a été utilisé dans la publication
suivante : *Épisode de pillages de la commanderie de Vaulx par le
seigneur de Maubec, 1663-1668 (sic)*, par Bergus, Bourgoin, impr.
E. Rabilloud, 1889, in-18.

[2] Mentionnées dans l'inventaire manuscrit de la Chambre des
comptes de Grenoble, article *Maubec*, sans indication de mois ni
de jour.

[3] Lettres de rémission accordées à François de Maubec en juin
1370 : « ... attento quod ipse tempore articulorum contra ipsum
primo traditorum erat etatis decem et octo annorum vel circa, nunc
vero viginti quinque vel circa, in qua etate constituti ad proceden-
dum per viam facti vel guerre faciliter inclinantur... ».

les expéditions lointaines que pour le gouvernement d'une petite seigneurie[1]. Fort jaloux de ses droits, il trouvait intolérable qu'une autorité, autre que la sienne, s'exerçât sur ses domaines. Le prévôt de Crémieu, Jean Pastorel, étant venu faire la publication et assurer l'exécution des lettres de sauvegarde, ne put s'acquitter de sa mission. Il eut à subir mille avanies et faillit être retenu prisonnier. La maison du Temple fut envahie par les gens du seigneur de Maubec, que celui-ci conduisait en personne ; elle fut mise au pillage, et il semble que le commandeur ait dû se dérober par la fuite aux pires traitements. La bannière delphinale, qui avait été arborée sur la commanderie, fut arrachée, traînée dans la boue, foulée aux pieds, et remplacée par celle des Maubec. En 1368 et 1370, le Temple fut le théâtre de scènes de violence non moins graves, auxquelles servaient toujours de prétexte les lettres de sauvegarde délivrées à Raymond de Villeneuve. Ces scandales ne prirent fin et l'ordre ne fut rétabli dans la région que par l'emprisonnement de François de Maubec, qui, pour recouvrer sa liberté, dut payer une amende de 2.000 francs d'or, renoncer à ses droits sur la terre de Ruy et consentir à une délimitation des mandements de Bourgoin et de Maubec, effectuée au gré du gouverneur de la province. Des amendes furent également infligées à ses principaux complices; mais, comme tous les coupables avaient réussi, grâce à de hautes influences, à obtenir des lettres de rémission,

---

[1] L'expédition de « Prusse », à laquelle il aurait pris part sous les ordres du sénéchal d'Anjou, Jean de Saintré, n'est qu'une fiction d'Antoine de la Salle, l'auteur de l'*Hystoire et plaisante chronique du Petit Jehan de Saintré*, etc. Voy. sur ce point Alf. de Terrebasse, *Le Roman de Prusse*, etc., Vienne, impr. de Roure, 1856, in-8°.

aucune poursuite criminelle ne put être dirigée contre eux, et la procédure commencée n'aboutit qu'à une réparation très incomplète des excès commis.

Raymond de Villeneuve porte exclusivement, dans les documents qui relatent ses démêlés avec François de Maubec, le titre de commandeur de Vaulx. Mais on sait que son autorité s'étendait également sur une maison que l'Ordre de l'Hôpital possédait à Lyon, dans le quartier Saint-Georges [1]. L'union de la commanderie de Vaulx à celle de St-Georges est donc fort ancienne, et remonte peut-être à l'époque où les biens du Temple passèrent aux mains des Hospitaliers de Saint-Jean-de-Jérusalem [2].

Les procès-verbaux dressés par les « Visiteurs de Malte », pendant les deux derniers siècles, contiennent des renseignements assez détaillés, et qui ont leur prix, parce que l'aspect des lieux s'est considérablement modifié depuis, d'importants travaux ayant été exécutés

---

[1] Arch. du Rhône. Terrier de Saint-Georges, de 1369 (*Grollerii*), préambule : « ... a directo dominio venerabilis et religiosi viri domini Raymondi de Villanova, militis hospitalis Sancti Johannis Jherosolimitani, preceptorisque Sancti Georgii Lugdunensis... ».

Sur la commanderie de Saint-Georges, voy. une courte notice de M. A. Vachez, *Nos monuments lyonnais. L'Église et la Commanderie de Saint-Georges*, Lyon, in-8°.

[2] Le 14 août 1540, Antoine de Grolée, bailli et commandeur de Saint Georges de Lyon, de l'ordre de Saint Jean de Jérusalem, fournit par devant le vibailli de Vienne un dénombrement, par lequel il déclara que ladite commanderie de Saint Georges possédait « les domaines de Montiracle, Charvieu, Pommiers et leurs dépendances, situées en la baronnie d'Anthon, plus le temple de Tirieu au mandement de Serrières, et le temple de Vaulx en la baronnie de Maubec, et le domaine de la Tour-du-Pin, consistant tous les domaines en chapelles, maisons, terres, prés, bois, vignes, cens, services et autres droits » (Invent. man. de la Chambre des comptes de Grenoble, v° *Maubec*).

pour transformer le « château » du Temple en une habitation particulière[1]. On remarquait dans la « cour », ou dans l'enclos du Temple :

1º La chapelle, autrefois église paroissiale, sous le vocable de Saint Jean-Baptiste. L'abside, qui subsiste seule aujourd'hui, était voûtée en cul-de-four. La nef était recouverte d'une charpente lambrissée ; des « lozes », ou grandes pierres plates, constituaient la toiture. La chapelle renfermait deux autels et était surmontée d'un petit clocher. Au milieu du xviiiᵉ siècle, l'ensemble de la construction était dans le plus triste état ;

2º Le « château », composé d'une grande tour carrée, à deux étages, qui renfermait quatre chambres, plus les greniers ; une tour plus petite, également carrée, où l'on comptait trois chambres placées les unes au-dessus des autres, faisaient corps avec la première.

3º Les communs ou bâtiments d'exploitation : écuries, poulailler, greniers ou fenils, etc.

En dehors de l'enclos étaient le pigeonnier et un « beau moulin », dit encore aujourd'hui : le « moulin du Temple ». Les « biens fonds » du Temple (bois, prés, terres cultivables), dont il est inutile de donner ici une énumération, étaient situés sur les territoires des communes actuelles de Saint-Alban-de-Roche, Vaulx-Milieu, l'Isle-d'Abeau et Villefontaine. Ils ne formaient cependant, pour ainsi dire, qu'un seul tènement, traversé par la grande route de Lyon à Grenoble[2]. L'ensemble du domaine, — bâtiments

---

[1] Consulter surtout les procès-verbaux des visites de 1616, 1641, 1754 (Arch. du Rhône, H. 139, 142, 163).

[2] Arch. de l'Isère, Q. 151. « Estimation des biens de l'ordre de Malte appelé le Temple de Vaulx-Milieu, du 18 novembre 1792 ». « ... cependant il ne forme, pour ainsi dire, qu'une seule pièce traversée par la grande route de Lyon à Grenoble ».

et enclos compris, — aurait eu une contenance approximative de 200 journaux, au dire de l'expert, qui, le 18 novembre 1792, fit l' « estimation des biens de l'Ordre de Malte appelé (*sic*) le temple de Vaulx », et destinés à être vendus comme biens nationaux[1].

Le nombre des localités, où la commanderie de Vaulx percevait des cens ou redevances, avait beaucoup diminué du XIVe au XVIIIe siècle, bien que le terrier, en vertu duquel ces redevances étaient exigibles, eût été fréquemment renouvelé. Les paroisses, hameaux ou lieux dits, mentionnés dans les terriers du XIVe siècle, appartiennent à une vingtaine de communes du département de l'Isère[2]. A la veille de la Révolution, les indications topographiques fournies par les terriers ne se rapportent plus qu'à huit de nos communes actuelles[3].

A cette époque, et depuis longtemps déjà, le Temple de Vaulx était affermé par l'Ordre de Malte. Le 19 juin 1790, le bail en fut passé pour une durée de neuf années, dont le point de départ était reporté au 1er mai, et pour le prix de 2.500 livres, payables chaque année en deux termes[4]. Bien avant l'expiration de ce dernier bail, le 23 janvier 1793, le temple fut vendu comme bien national ; il fut

---

[1] Ces 200 journaux se répartissaient ainsi : terres, 73 ; prés, 27 ; bois taillis, 100.

[2] Terrier de 1352. Communes de Bourgoin, Culin, Diémoz, Domarin, Fallavier, Four, Heyrieu, Illins, l'Isle d'Abeau, Jallieu, Nivolas, Roche, Ruy, Saint-Alban, Saint-Chef, Saint-Marcel, Saint-Savin, Vaulx-Milieu, la Verpillière, Villefontaine.

[3] Terrier de 1772. Communes de Culin, Four, l'Isle d'Abeau, Roche, Saint-Alban, Saint-Marcel, Saint-Savin, Vaulx-Milieu.

[4] Arch. de l'Isère, Q. 151. — Un bail de six ans, commençant le 1er mai 1749, avait été passé pour le prix de 3,000 livres (Arch. du Rhône, H. 163, fol. 114 et suiv.).

adjugé définitivement, sur une enchère générale, à Jean
Antoine Vachon, de Lyon, pour la somme de 206.700
livres[1].

La publication du cartulaire de Vaulx pourra n'être pas
sans intérêt, soit pour l'histoire provinciale, soit plus simplement pour l'histoire locale. Elle se justifie, semble-t-il,
pour un autre motif encore. On sait combien sont rares
les documents concernant les Templiers, à tel point qu'on
a été tenté d'expliquer par une destruction systématique,
la disparition d'archives, qui, au début du XIVe siècle,
devaient à coup sûr être fort riches[2]. La rareté des cartulaires est particulièrement surprenante et regrettable.
On n'en a signalé jusqu'ici qu'un petit nombre, et tout
porte à croire que la liste de ceux qui ont été conservés,
si jamais elle est dressée, sera relativement courte. Le
cartulaire de Vaulx avait, par ce fait seul, quelque droit
à être tiré de l'oubli. Il est, à peu de chose près, tout ce
qui nous reste d'un fonds d'archives, — j'entends les
archives de la commanderie antérieurement à la suppression des Templiers, — si appauvri, qu'il *ne renferme*
plus que deux chartes du XIIIe siècle, et pas un seul acte
du XIIe. Malgré ses lacunes, malgré la brièveté des notices
dont il se compose, il donne une idée exacte de la rapidité
avec laquelle s'est constitué le patrimoine du Temple, de
la richesse de l'Ordre et de l'action considérable qu'il a
partout exercée.

---

[1] Arch. de l'Isère. Registre 21 (Ventes des biens ecclésiastiques),
fol. 35 v° et suiv. Ces 206,700 livres étaient payables en assignats.
[2] H. de Curzon, *La maison du Temple de Paris*, pp. 15-17.

CARTULAIRE DU TEMPLE DE VAULX

1

Notum sit omnibus hominibus, tam presentibus quam futuri[s, quod] Ademarus Senioretus [1] dedit Deo et domui Templi pratum, qu[od est] [2] retrorsum molini, quod fuit Petri Rovorie [3], et terram quam habebat, et *la seinnori*

---

[1] Mentionné de 1160 à 1194 dans le cartulaire de Bonnevaux (n°s 33 et 110). Son nom y est, comme dans le présent cartulaire, écrit sous vingt formes différentes (Ademarus, Aemarus, Aimardus, Audemarus, *Aesmars* Senioretus, Senioreti, *Senoret*, Senoreti). On connaît sa mère, *Sebilla,* son frère, *Guifredus Arbertus,* et deux de ses neveux (*Robertus, Aimardus*). On trouve trois autres familles du même nom, ou trois branches de la même famille, à Chézeneuve (*Senioretus de Casanova*), à Crémieu (*S. de Crimeu*) et à Roche (*S. de Roca, de Rochi*). Antoine Seignoret figure parmi les nobles du mandement de Bourgoin, qui, le 3 mars 1344, prêtèrent hommage au dauphin Humbert II.

[2] *Qu[od est].* On pourrait aussi restituer *qu[oddam]*; mais le cartulaire n'offre guère d'exemple d'une pareille inversion (*pratum quoddam*).

[3] *Quod fuit Petri Rovorie.* Ces mots sont placés en interligne, au-dessus de *retrorsum molini.* — *Petri Rovorie.* Pierre Rivoire (*Petrus Rovoyri, Rovoyre, Rovorie,* etc.) est connu également par le cartulaire de Bonnevaux, où son nom se lit plusieurs fois dans des actes compris entre 1160 et 1185. Il avait épousé *Bonafilia,* fille de Guillaume de Bocsozel et d'Hermengarde. On lui connaît six enfants (*Martinus, Willelmus, Gaufredus, Siboudus, Petrus* et *Ermengarda*). En 1181, il avait projeté d'aller faire la guerre aux hérétiques albigeois (« *voluit proficisci, cum ceteris nobilibus, ad expugnandos Albigenses hereticos* »). Quatre ans plus tard, i entrait à l'abbaye de Bonnevaux, comme religieux convers (*Cartulaire de Bonnevaux,* ch. 49 : « Anno iterum M°C°LXXX°V°, quando Petrus Rovoyre venit ad conversionem in Bonavalle... »).

[quam] habebat *el champ de Platá*[1], et parum terre quod habebat [juxta][2] istud campum *c'l chamin*[3] *del bés de cest champ*[4].

2

Cunctis legentibus atque audientibus sit notum quod Ugo [de Cha]cins[5] dedit Deo et domui Templi se ipsum et totam terram, qua[m ha]bebat in apendimento de *Bainnuelt*[6], et *l'Alvernait e son te [niment]*[7]. De inde Rostagnus de *Chacins*[8] dedit Deo et domui Templi om[nem terram] quam habebat a rochia de Sancto-Albano[9] usque

---

[1] *El champ de plata. En plata* ou *platas*, lieu dit de la commune de Four, non porté sur le cadastre; au-dessus et à l'est de l'étang desséché de Galobier, au sud de l'ancienne route de Vienne à Bourgoin par *Villeneuve;* confine au lieu dit *le Lemps* ou *au Lemps.*

[2] *Juxta.* Restitution conjecturale. Le mot manque par suite de la déchirure du parchemin.

[3] Man. *el chamin.* Évidemment, pour *e lo chamin* (et non *in illo camino*).

[4] *Del bes*, etc. Le bief ou ruisseau de ce champ paraît être l'un des deux ruisseaux, qui servaient de déversoirs, l'un à l'étang de Galobier, l'autre à l'étang du Lemps. C'est la *riperia de platas*, du Terrier de Vaulx, de 1383, fol. 40.

[5] *Ugo de Chacins.* Hugues de Chassieu (canton de Meyzieu, arrondissement de Vienne)? *Rostagnus de Chacins*, mentionné quelques lignes plus bas, est appelé, dans la charte 47, *Rostannus de Chaceu. Chacins et Chaceu* s'expliquent par deux doublets *Cassianum* et *Cassiacum.* Cf. Passins (canton de Morestel) et Passieu (commune de Saint-Romain-de-Jaillonas, canton de Crémieu).

[6] *Bainnuelt.* Bagneu, commune de Culin, canton de Saint-Jean-de-Bournay, arrondissement de Vienne.

[7] *L'Alvernait.* Nom d'homme, comme l'indiquent les mots qui suivent : *e son teniment.*

[8] *Rostagnus de Chacins.* Voy. plus loin la charte 47 et la charte 110 (non datée) du cartulaire de Bonnevaux.

[9] *A rochia de S. Albano.* La Roche, hameau de la commune de Saint-Alban-de-Roche.

Fustinas[1]. Hec omnia dedit Ro[stagnus] et laudavit, et pro hoc habuit IIII libras ex elomosinis Templi. T[estes] sunt : Petrus de Costa, Petrus Faber, et Audo, Jhoannes Albus, fratres Templi, [Ade]marus Senioretus, et Garinus de Valt[2].

3

Garinus de *Valt* vendidit et dedit Deo et domui Templi pratum quod habebat *a Mornas*[3], et *la seinnori* quam habebat *el pra en Pascalt*, et III denarios quos habebat in prato Brunicardo, et *la seinnori* quod ha[be]bat [in moli]num monacorum[4] et cursum aque. Hoc factum est in manu [Olive]rii *de Valz*[5]. Garino dedit centum solidos. Hoc laudavit ipse G[arinus], et uxor ejus Anna. Testes sunt : Petrus de Costa, et Petrus Faber, et Jh[oannes] Albus, et Audo.

4

Ademarus Loarencus *le Flamencs*[6] dedit domui Templi *una peci de la terra que avie soz Amelacin*[7], *per lo Frances*,

---

[1] *Fustinas*. Futinas, lieu dit de la commune de Vaulx-Milieu.

[2] *Garinus de Valt*. Garin de Vaulx avait deux fils, Olivier et Aimar. Voy. les chartes 24, 36, 55 et 82.

[3] *Mornas*. Lieu dit situé sur le territoire de la commune de Villefontaine, au-dessous du hameau et de l'étang de Saint-Bonnet. Les « prés de Mornas » étaient traversés par un ruisseau du même nom, aujourd'hui comblé en partie.

[4] *Monacorum*. Les moines du prieuré clunisien d'Artas. Il y a encore sur la commune de Four un lieu dit *les Moines*.

[5] *Oliverii de Valz*. Olivier de Vaulx, le plus ancien commandeur connu du Temple de Vaulx.

[6] *Loarencus le Flamencs*. Loarencus, le Lorrain (*Lotharingus*). Les mots *le Flamencs* sont en interligne, au-dessus de *Loarencus*.

[7] *Lo Frances*. Le manuscrit porte *farces* avec un point ou un

son frare, qui jacet domi, et Petrus *de Solers*[1] *la meila que
i avie, e ot en*[2] viii *sols et* i *sexter* siliginis. Hoc laudavit
et dedit mater ejus, et fratres Petrus Loarencus et filius
Francigeni[3].

5

Gauterius *Malet* dedit Deo et domui Templi tenementum
Petri *Donzella* et filii sui. De inde dedit Petrus *Donzella*
et filius ejus *tot quant avie deis lo chamin de Valt* usque
ad *maresc*. In aliam terram dedit iii solidos cessales.
Hanc terram Petrus *Donzella* nec dare, nec vendere
potest nisi fratribus Templi. Hoc dedit Gauterius *Malet* et
filius ejus Gauterius, absque omni retenemento. Pro[4]
cum his donis, dedit predictus Gauterius Gillelmum,
filium suum, Deo et domui Templi, in manum Gaufridi
Fulcherii, preceptorem Templi[5].

signe d'abréviation sur le *c*. Il est possible que sur la charte originale le mot fût écrit : *fãces*, d'où l'erreur commise par le copiste,
a suscrit pouvant se traduire par *ar* ou par *ra*. Cette correction
m'a été suggérée par M. A. Devaux. *Lo Frances*, c'est le *Francigena*,
mentionné dans la même charte.

[1] *Petrus de Solers. Petrus de Solario*, dans une charte non datée
du cartulaire de Bonnevaux (n° 96). Pour l'histoire de la famille des
Solier, qui est très ancienne et qui posséda longtemps la maison-
forte de Montbaly, voy. la monographie de M. L. Charvet : *La
maison-forte de Montbaly dite des Soliers*.

[2] *E ot en* = *Et habuit inde*.

[3] *Et fratres, Petrus Loarencus et filius Francigeni*. Si le pluriel
fratres n'a pas été mis par inadvertance, il faut admettre que *Petrus
Loarencus* est un frère germain d'*Ademarus Loarencus*, et le *filius
Francigeni* (*lo Frances*) un frère utérin, le fils d'un premier ou d'un
second mari de la mère d'Aimar. Si, au contraire, il fallait lire *frater* au lieu de *fratres*, le *filius Francigeni* serait le neveu d'Aimar.

[4] *Pro* signifie *en outre* ou n'a pas de sens.

[5] *Gaufridi Fulcherii*. Voy. l'introduction.

6

Gauterius de Sancto-Bonito[1], cum plura dedisset domui Templi, dedit quoddam *musnár*[2] subtus molinum Senioreti *em Belná*[3]. *En icest musnar avit* Teri[c]us de Septemo[4] medietatem. Per hanc medietatem dederunt Terico predicto Senioretus et Gauterius, frater ejus, terram *del pla[n]con[ait]*[5]. Pro hac terra Tericus, et filius ejus Tericus, dederunt Deo et domui Te[mpli quicquid] in hoc *musnar* jure habebant. Hoc donum fac[tum est] in ma-

[1] *G. de Sancto-Bonito*. Saint-Bonnet, commune de Roche, canton de la Verpillière.

[2] *Musnar* (**molinare*) doit signifier une vanne, une chute d'eau. Voy. Raynouard, *Lexique roman*, v° *Molinar*.

[3] *Embelna*. *Belna* (*Begna*, *Beuna*, *Beona*, *Beonaz*, etc.) désigne la vallée ou combe de *Bionne* (prononcez *Biaunne;* le cadastre écrit, à tort : *Bonne*), située sur la commune de Roche, traversée par un ruisseau du même nom, qui vient du hameau d'Aillat et finit dans l'étang de Saint-Bonnet.

[4] *Tericus de Septemo*. L'avant-dernier seigneur de Septême. Son fils Thierri, mentionné plus bas (*et filius ejus Tericus*), serait mort, selon Chorier, au commencement du xiiie siècle, ne laissant qu'une fille, *Briande*, dont le mariage avec Guillaume de Beauvoir fit passer la terre de Septême dans la maison de Beauvoir (*Hist. génér. du Dauphiné*, II, 109). Cf. de Terrebasse, *Inscript. antiques et du moyen âge de Vienne*, 2e partie, II, 82-86, qui a publié les obits, malheureusement sans dates, des anciens seigneurs de Septême.

[5] *Planconait*. Restitution incertaine par suite de la déchirure du parchemin; on lit seulement : *placon...*; il manque deux lettres au moins; il semble que l'*n* soit suivie d'un *a*. Dans cette région, les lieux dits *planson* (Vaulx-Milieu) et *plansonnet* (Domarin) ne sont pas rares. Le terrier de Vaulx de 1352 mentionne un *campus del planson*, qui pourrait être la terre dont il s'agit ici : « ... unam terram et seytivam sitam in territorio *de Malbues* (Marbués, commune de Four), confrontatam cum riveria que tendit de molendino Johannis de Solerio ad molendinum *de Beuna* et cum campo *del planson*, etc. » (fol. 55 v°).

num Oliverii de Valt, qui tunc erat preceptor domus Val-
lis Auree, et habuit x^cem solidos, ex helemosinis Templi,
Tericus, pro hoc dono, ab Oliverio. Testes sunt : Petrus de
Costa, et Garinus *de Valt,* et Ademarus Senioreti, et
Rostagnus *de Chacin,* et Durandus *Rosgimoút.*

7

Garinus *de Valt* dedit Deo et domui Templi quodam
pratum *a Mornás* et vendidit. Pro hoc dono habuit, ex
helemosinis Templi, c solidos. Hoc laudavit uxor ejus
Anna. Hoc laudaverunt et dederunt in manu Oliverii, qui
tunc erat preceptor domus Templi *de Valt.* Testes sunt :
Petrus de Costa, Petrus Faber, Jhoannes Albus, Ado,
fratres Templi.

8

Pascalt et Petrus *Pascalt,* filius ejus, dederunt et vendiderunt Deo et domui Templi quoddam pratum juxta pratum Garini, quod supra diximus[1]. Pro[2] habuerunt, ex
helemosinis Templi, c solidos, et unum palafredum, cum
freno et sella. In hoc pratum habent monachi hospitalis
de Verna[3] unum molinum. In hoc molino, et in aqua
molini, et in hoc prato, habebat predictus Garinus *la
seinnori;* et quod ipse ibi habebat, scilicet in aqua et molino,
dedit Deo et domui Templi. Hoc pratum *Pascalt* et filius

---

[1] *Quod supra diximus.* Voy. ch. 7.

[2] *Pro* = pro hoc prato.

[3] *Monachi hospitalis de Verna. La Verna* ou *la Verne,* lieu dit
de la commune de la Verpilliére. Il s'agit bien ici, semble-t-il,
d'un véritable hospice desservi par des religieux. Les Hospitaliers
de Saint Jean de Jérusalem possédaient également une maison à la
Verpillière, dont le souvenir survit sans doute dans le lieu dit
l'Hôpital, distinct et assez éloigné de *la Verne.*

ejus dederunt pro animam Bone, filie, et Giroldi, fratris
sui. Hanc venditionem et donum fecerunt in manum
Oliverii. preceptoris domus Templi *de Valt*. Testes sunt :
Petrus de Costa, Petrus Faber, Jhoannes Albus et Ado,
fratres Templi. Hoc pratum ut supra est *a Mornás*.

9

Ugo Senioretus, Case nove[1], ut audivistis, nature debita
solvit, et Senioretus, cum Gauterio Senioreti, dedit pro
anima ejus unam condaminam, que est in diocesi Sancti
Boniti, *soz lo chastanei*, juxta caminum. De inde predictus
Senioretus Case nove habebat quandam terram juxta prata
de Mornas, que (*sic*) supra scripsimus[2], Garini scilicet et
Paschalis, quam fratribus Templi commutavit pro ea
quam prius dederat. Hoc laudavit Arbertus Maleti.

Iste Senioretus, scilicet Case nove, habebat in parrochiam sancti Germani[3] quandam terram et qodam cortile
et nemus circa *Montballer*[4], que dedit et vendidit Deo et
domui Templi, et habuit ex helemosinis Templi, vi libras.
Hoc laudavit Gauterius Senioreti, frater ejus, et Petrus
Ruffus, et quedam monaca, nepta eorum, Sancti Andree[5].
Hoc factum est in manum Petri Coste, preceptoris do-

---

[1] Les mots *Case nove* sont en interligne au-dessus du nom *Senioretus*. Il en est de même un peu plus bas: *De inde predictus Senioretus*, etc.

[2] *Que supra scripsimus*. Voy. ch. 3, 7, 8. Chézeneuve, canton
de la Verpillière.

[3] *Parrochiam sancti Germani*. Saint-Germain, commune de
l'Isle-d'Abeau, canton de la Verpillière.

[4] *Montballer*. Montbailly, commune de Vaulx-Milieu.

[5] *Sancti Andree*. L'abbaye de femmes de Saint-André-le-Haut, à
Vienne. Voy. les *Mémoires pour servir à l'hist. de l'abbaye royale
de Saint-André-le-Haut, de Vienne, par Claude Charvet*, publiés
par P. Allut, Lyon, Scheuring, 1868, in-8°.

mus Templi *de Valt*. Testes sunt : Garinus de Valt, Girardus *de Rochi*, Petrus Faber. Jhoannes Albus et Ado.

10

Boso *Malet* dedit Deo et domui Templi se ipsum et quandam vineam *a Domarin*[1] et pascua per totam terram sui patris, concedentibus fratribus suis, et qicquid in diocesi Sancti Germani habebant in Bello monte, in terram Arberti *de Treslautar*[2].

11

Gauterius *Malet* dedit Deo et domui Templi Gillelmum *Malet*, filium, eo concedente, et cum eo Petrum *Donzella* et Gillelmum *Donzella*, et qicquid ab eo abebant, scilicet terram[3].

12

Gillelmus *de Treslautar*, filius Arberti, dedit Deo et domui Templi se ipsum et totam terram quam habebat a *Charois*[4] usque *Romacón*[5]. Hoc laudavit mater ejus, et

---

[1] Domarin, canton de la Verpillière.

[2] *Arberti de Treslautar.* On connaît un fils de cet *Arbertus de T.* (Vaulx, ch. 12 : *Gillelmus de Treslautar*) et un de ses frères (*ibid ; Giroldus de T., avunculus Gilelmi de T.*).

[3] Voy. ch. 5.

[4] *Charois.* Les « marais communs » de Vaulx s'appelaient au XVIIᵉ siècle encore *Charuis* (Arch. du Rhône, II. 1345, 2 mai 1674 ; H. 1352, fol. 68 ; 25 mai 1670). C'est le nom que porte la Bourbre dans la partie inférieure de son cours.

[5] *Romacon.* Romasson ou Romazon, commune de Four. Non porté sur le cadastre. Terriers de Vaulx : « ...Apud Fors, in territorio de Romasson ...juxta viam tendentem de Sancto-Albano apud Sanctum-Georgium ex oriente... » (23 avril 1526) — « à Four, au mas des Verchères ou Romasson, sous le hameau du Mollard... » (30 juin 1771).

frater ejus, et soror, et avunculus ejus, Giroldus *de Treslautar*. Hoc factum est in manu Oliverii, qui tunc preceptor domus Templi Vallis erat. Testes sunt : Petrus de Costa, frater Templi, et Gillelmus *Labra*[1], et Crestianus, frater ejus.

13

Andreas de l'Islata[2] habebat duas *peces* terre juxta domum, subtus et super, *de Vall*, quas vendidit et dedit fratribus ipsius domi, scilicet Templi, ad laudem monachorum *d'Artás*[3], ex quibus erat, et habuit ex helemosinis Templi, IIII°r libras. In hanc terram adquisivit Ademarus Senioreti *la seinnori* de monachis *de Artas* et dedit eis, pro hac terra, *lo musnar de Fors*. Hanc dominationem vendidit et dedit Deo et domui Templi XL solidis. Hoc donum et hanc[4] vendicionem accepit Oliverius, preceptor domus Templi *de Vall*. In cujus manu hoc laudaverunt filius et filia Andree predicti et Antelmus de Lislata, qui pro hoc laude habuit V solidos; Ricardus de Lislata, II soli-

---

[1] *Gillelmus Labra*. Laura, Lavre, Labre; très ancienne famille du Viennois. Un Guillelmus Laura, autre évidemment que celui de la charte 12, est mentionné vers 1100, dans le cartulaire de Saint-André-le-Bas de Vienne (ch. 67*). Le *Gillelmus Labra*, dont il est ici question, se retrouve plusieurs fois, sous le nom de *Guill. Laura*, dans le cartulaire de Bonnevaux (n° 57 [1164]; n° 130 [1171]; n° 140 [1175]).

[2] *Andreas de l'Islata*. L'Ilate, lieu dit situé en partie sur la commune de Saint-Quentin-Fallavier, en partie sur celle de la Verpillière. Terrier de Vaulx, de 1383 : « ... in territorio *de Illalaz*... » — « ... *en Lilalaz*, juxta bovaeciam *de Lilalaz*... ». — Parcellaire de la Verpillière (1697) : *Lylallaz*. — Cadastres de Saint-Quentin-Fallavier et de la Verpillière : *l'Ilate*.

[3] *Monachorum d'Artas*. Il y avait à Artas (canton de Saint-Jean-de-Bournay) un prieuré de l'ordre de Cluny.

[4] *Hanc* man. *Ahc*.

dos, fratres ejus; Petrus de Lislata, iii solidos, nepos ejus. Testes sunt : Petrus de Costa, Petrus Faber, Jhoannes Albus et Ado, fratres Templi, et Garinus *de Valt.*

14

Uxor Rigaudi Naris vendidit et dedit Deo et beate Marie et domui Templi omnem terram quam habebat a Bello Monte usque in marescum, xv solidis. Hoc laudavit filius et filia ejus. Testes : Gauterius *Thivell*[1], Ugo Sancti Germani, Petrus Sancti Germani, et Petrus de Costa, frater Templi, in cujus manum factum est.

15

In hoc territorio habebat Aymo *Folapés*[2], et uxor ejus, et Atenulfus, et frater ejus, terram quam vendiderunt et dederunt Deo et domui Templi, xv solidis. Testes : frater Petrus de Costa et Aymo *de Bocosel*[3].

[1] *Gauterius Thivell, Tirels, Tirelli.* Ce personnage est encore connu par deux chartes non datées du cartulaire des Écouges (n°° 9 et 11 « circa medium duodecimi sæculi », dit M. Auvergne). Il avait pour père *Asselinus Tirelli, de Cizerino* (Sérézin, près de Cessieux, où Cassini indique un moulin de *la Tirelière*). Sa mère est appelée *Agata*; on sait les noms de trois de ses frères: *Milo, Petrus Escholus* et *Ugo.*

[2] *Aymo Folapes.* Témoin, en 1171, d'un acte passé par Aymon de Bocsozel avec les religieux de Bonnevaux (n° 119). Ce nom était encore porté à Vaulx-Milieu en 1670. Une reconnaissance du 8 nov. 1670 fait connaître « Jean Drunet, *dict Follapied* », et « feu Anthoine Drunet *Folapied* ». (Arch. du Rhône, H. 1345.)

[3] *Aymo de Bocosel.* Première mention dans ce cartulaire d'une des plus anciennes familles du Dauphiné, dont les chartes de Bonnevaux et du Temple-de-Vaulx contribuent à éclaircir les origines. Aymon de B. est mentionné dans le cartulaire de Bonnevaux, dès 1164 et encore en 1191, mais il ne s'agit peut-être pas dans les deux cas du même personnage, car Chorier *(Estat politique du Dauphiné, III, 6)* fait vivre en 1200 deux Aymon de Bocsozel, le père et le fils.

16

Gicardus *Donnet* dedit Deo et domui Templi et vendidit *cortil* et vineam, [et to]tum tenementum quod ipse habebat *alla rochi* Sancti Albani, c solidis. In hoc tenemento [fecit] Petrus *Rovoiri* querimoniam et dixit esse suum. Hac de causa fratres Templi cum eo stabiliverunt diem ante magistrum Anselmum[1] et Gillelmum Falconis[2] et Bernardum Stelle, Vienne, ut hii tres agnoscerent si ipse jure aliqid haberet. Hoc notum est in domo Villelmi Falconis, Vienne, quod nichil jure haberet, sed tamen emerunt pacem et dederunt ei, ex helemosinis Templi, xx solidos. Veruntamen, ipse Petrus et uxor ujus Bonafilia, et Villelmus, et Gaufridus, Martinus, filii eorum, dederunt et drelinquerunt, si aliquid jure in hoc tenemento habebant.

17

Gillelmus de *Brén*[3] dedit et vendidit Deo et domui Templi *de Vall* terram quam habebat prope crucis de

---

[1] Ce *magister Anselmus* est mentionné plusieurs fois dans le cartulaire de Bonnevaux (nos 54 [1164]; n° 98, sans date). Il y figure comme arbitre, *mediante mag. A* (n° 160, sans date ; n° 276 [1163].

[2] Cf. cartul. de Bonnevaux, n°s 98, 219, 239, 267, 305, sans dates. « ... Villelmus Falconis de Montbretun [Montbreton, commune de Chanas]... » (n° 239). — « Villelmus Falconis et uxor ejus Audisia... » (n° 305).

[3] *Gillelmus de Bren*. G. de Saint-Hilaire-de-Brens. On trouve encore dans les chartes de Vaulx les formes *Brens, Breens, Breins*. L'identification proposée ne ferait pas de doute, si les noms *Girinus* et *Villelmus de Broen*, fournis par le cartulaire de Bonnevaux, (ch. 166, 54), et qui correspondent à *Girinnus de Breins* et à *Gillelmus de Bren* du présent cartulaire, ne laissaient supposer qu'il s'agit peut-être de *Bron* (Isère, canton de Meyzieu).

Jauná[1]. ad laudem Garini *de Valt*, cujus erat. et habuit, ex helemosinis Templi, xxx solidos et Garinus x^{cem}. Hoc laudavit pater et mater ejus et fratres. Testes : Garinus *de Valt*, Andreas *de l'Islata*, et Petrus *de Costa*[2], et Petrus Faber, et Jhoannes Albus, et Ado, fratres Templi.

18

Arbertus *Malet* dedit Deo et domui Templi iii sextarias[3] terre et i cartala[4] juxta salicem *Valleis*[5], juxta suam, et habuit xxx solidos et i equum ; Gaufridus, prepositus ejus, iii solidos ; Boso et filius iii solidos. Hoc laudavit uxor ejus, et filius ejus, et prepositi ejus : Testes sunt : Petrus de Costa, Petrus Faber, *Marescoth de Vilá*[6] et Jhoannes, filius ejus.

19

Jhoannes de Vernosclo[7] dedit Deo et domui Templi hoc quod habebat in tenemento Petri Lagerii et habuit vi solidos. Hoc laudavit frater ejus, et mater. et soror.

---

[1] *Jauna*. Cf. *Jonas* (ch. 40). C'est *Genas*. Cf. *Pouillé du diocèse de Lyon au XIIIe s.*, dans *Cartul. de Savigny et d'Ainay*, publiés par Aug. Bernard, II, 918 : 23. Ecclesia de Jonas [Genas]. — 24. Azeus (Azieu, commune de Genas]. capella de Jonas.

[2] *Costa*. Man. Costo.

[3] *Sextarias*. Pour *Sextariatas*.

[4] *Cartala*. Pour *Cartalata*.

[5] *Salicem Valleys*. Le saule ou la saulaie de Vaulx. Voy. Terrier de 1352, fol. 51 : « ... Unam terram sitam *in saugio Valleys* .. » (sur *Belmont*). Cf. aussi Terrier de 1526, fol. 183 verso « ... in dicto territorio de *Quinzea*, juxta *saugium* et lecheriam domini Ruppis ex vento... ».

[6] *Marescoth de Vila*. Villefontaine, canton de la Verpillière.

[7] *Vernosclo*. Ancien lieu dit du territoire de Jallieu. Cf. Arch. de l'Isère, B. 2973, fol. 471 v^e (Ire moitié du xive s.) : « Apud Jallieu... *en vernuclo*... ».

Testes sunt; Petrus de Costa, Ugo sancti Germani, et Gauterius *Tivell,* et Jhoannes Isardus.

20

Uxor Durandi *de Vall* dedit domui Templi hoc quod habebat n *Maisennás*[1] *del Brutinens*[2]. Hanc terram redimerunt fratres Templi xxx solidis. Durandus *de Vall* similiter dedit III eminatas terre juxta terras eorum *a Mornás.* Testes : Petrus de Costa, Petrus Faber, Guillelmus *de Maisennás,* sacerdos, Gido *de Vall,* et Aldo.

21

In terra Templi, de Bainnuelt, fecit Genisius *de Bocosél*[3] chalumniam quam dicebat habere dominium. Veruntamen statuerunt diem, fratres Templi scilicet et Genisius, et ibi adduxerunt testes legitimos, Petrus *Rovoyria,* Ademarus Senioreti et Garinus *de Vall,* Gillelmus *Grassel.* Isti tulerunt testimonium quod ipse nil in hac terra habebat jure. Jam habet Genisius xx solidos placitamenti de terra *d'Eclosa*[4]. Testes predicti et Petrus de Costa.

22

Notum sit omnibus, tam presentibus quam futuris quod Guido *de Veriseu*[5] militibus Templi omnem terram quam in Valle possidebat, laudantibus suis consanguineis,

---

[1] *Maisennas.* Messenas, commune de Saint-Marcel-de-Bellacueil.

[2] *Del Brutinens.* Cette terminaison — ens (— *enum*) semble indiquer un nom de famille.

[3] *Genisius de Bocosel.* Fils de Guillaume de Bocsozel et d'Hermengarde, beau-frère de Pierre Rivoire ; frère de Guillaume, Aymon et Silvion de Bocsozel.

[4] *Eclosa* = Eclose, canton de Saint-Jean-de-Bournay.

[5] *Veriseu. Verisieu,* commune de Briord (Ain)?

dedit. Unde, de helemosinis Templi, xvi^cim^ solidos habuit. Testes sunt hujus rei : Humbertus *de Miribel*[1], Petrus de Costa, Petrus Faber, Guarinus de Valle. In hanc terram communem predictam Petrus de Illata et frater ejus, predictis militibus Templi totum dederunt quod in eo habebant, et inde xvi^cim^ habuerunt solidos. Testes sunt hujus rei : Petrus de Costa, Petrus Faber et frater Audo. Item, in eandem terram predictam Hugo *de la Broci*, et mater illius, et etiam Guichardus *Papó*, predictis militibus omne quod in ea habebant dederunt et inde LX solidos habuerunt. Testes sunt hujus rei : Guarinus de Vallibus, et *Marescól* de Villa, et Petrus de la Costa, et Petrus Faber, et frater Audo.

23

Notum sit presentibus et futuris quod Girardus Faber, et fratres illius, in quadam vinea quam habebant apud *Ostries*[2], fratribus Templi medietatem dederunt et vendiderunt, et medietatem campi *de Ratfórnt*[3], et inde ha-

---

[1] Ain, canton de Montluel.

[2] *Ostries* ou *Ostrie* (voy. ch. 26) ne serait-il pas *Ytras* sur Saint-Alban-de-Roche ? Une reconnaissance du 10 nov. 1669 mentionne le « terroir d'*Istria* » (Arch. du Rhône, II. 1352, fol. 6 v°). Ailleurs il est question des « terres d'*Istria* » (fol. 5 v°). Le moderne *Ytras* représente certainement *Istria*. Peut-on rattacher celui-ci à *Ostries* ? En 1352, 1460 et 1526, on trouve dans les terriers de Vaulx les formes *Utria* ou *Utriaz* (*Ytriaz* apparaît déjà en 1509). De plus le lieu ainsi désigné est planté de châtaigniers, comme Ostries (voy. ch. 26: « ... in castaneis de Ostries): « unum *nemus* situm in territorio d'*Utria*... » (6 mai 1352) ; — quamdam peciam *nemoris castanei*... sitam *in Utriaz*... » (Terrier de 1460, fol. 27 v°); — « quandam peciam *nemoris castanei*... *sitam en Utria*... » (23 avril 1526). — L'accentuation (Utriá, Utriáz, Ytriás), permet peut-être de remonter jusqu'à la *villula Austriáda* du cartul. de Saint-André-le-Bas de Vienne (ch. * 20; 18 nov. 927).

[3] *Ratfornt*. Le Raffour, commune de Saint-Alban-de-Roche, ou

buerunt c solidos. Hoc laudaverunt Bernardus Faber, et uxor, et filii et filie illius, et Rostannus Faber, et huxor et filii ejus, videlicet : Anselmus, clericus, et Petrus, et Martinus. Testes sunt hujus rei : Petrus *de la Costa*, et Rodulfus de Templo, et Villelmus de Furno, et *Deuslogár*, et Romanus, et Martinus Bonivini, et *Deuslosént*[1], clericus.

24

Scientibus atque legentibus notum sit quod Garinus *de Vall* dedit Deo et domui Templi se ipsum, et uxorem suam, ad obitum suum[2], et pro animabus suis, VII[tem] *peces de terra*, IIII[or] in vita sua, et post obitum IIIes. Duc ex his sunt apud *Mornás*, et tercia ad crucem *de Jauná*. Hoc donum fecit in manu Oliverii, tali convenientia ut, si voluerit sanus[3], hoc pacto, in fraternitate Templi recipiatur,

---

tout autre *Raffour*, car ce nom qui désigne un four-à-chaux se retrouve dans la plupart des communes de la région. M. Devaux, s'autorisant de la graphie *Ratfornt*, non encore signalée, propose comme étymologie le celtique *ratis* (pierre) et le latin *furnus*. Cf. *ratfurnus* = *ratfornt*, *raffour*, etc., et *chaufour* dont la formation est analogue (*Essai* etc., p. 301, n° 1).

[1] *Deuslosent*. M. Devaux corrige *Deuslosent* et explique ce nom par *Deus* *sequit illum*. Cf. le nom *Dex-le-set*, relevé par A. Darmesteter (*Traité de la formation des mots composés*, p. 169), et qui appartient à la France du Nord (*Essai*, p. 147, n° 1, § 17).

[2] *Ad obitum suum*. A leur mort, afin d'avoir leur sépulture dans le cimetière du temple et d'être ensevelis comme *frère* et *sœur* du Temple, avec les prières et les cérémonies usitées pour les funérailles des membres de l'Ordre.

[3] *Si voluerit sanus*, etc. G. de Vaulx pourra, même avant sa mort, à un moment quelconque de sa vie, être admis à la « confrérie » du Temple (voy. *La règle du Temple*, édit. H. de Curzon, art. 69, p. 68), c'est-à-dire à la participation aux prières et aux bonnes œuvres des frères (cf. Ducange aux mots *beneficium*, *benefactum* et *oblati*). dans la mesure où ceux-ci voudront l'y admettre.

cum benefacto quod inibi facere voluerint. Testes sunt :
Petrus de Costa, Audemarus *Senorét* et *Senoret de Casa
nova*, *Pascall*, Guichardus *de Montcúc* [1].

25

Notum sit omnibus futuris et presentibus quod Jacelmus de Morestello [2] dedit Deo et domui Templi totum hoc
quod adquisierat in terra Arberti *Malet*, et in antea
adquirere potuerint. Hoc donum et hanc helemosinam
accepit Petrus de Costa, frater Templi. Hujus rei testes
sunt : Villelmus, capellanus Templi, Guido *de Palanis* [3],
Petrus Faber, Templi ; Audo, Villelmus, Templi ; Bar-
na[r]dus, Sinfredus, Templi. Hoc donum quod Jacellmus
dedit Templo est in appendiciis Ville [4].

26

Audemarus *de Dentaiseu* [5] reddidit se domui Templi et
dedit hoc quod habebat in castaneis *de Ostrie* et vineas

[1] *Guichardus de Montcuc*. Montcul, commune de Colombier et
Saugnieu, canton de la Verpillière. Le 28 septembre 1334, Guichard
de Montcul, damoiseau, et Péronel, son fils, vendent à Péronet
Bacon de Colombier, habitant de Saugnieu, plusieurs pièces de
terre sises à Saugnieu ou aux environs de cette localité (Arch.
communales de Crémieu. Fonds de l'Hôpital).

[2] *Jacelmus de Morestello*. Un des seigneurs primitifs de Morestel ;
figure parmi les témoins du testament d'Albert II de la Tour (1190).
En 1225, il vivait encore ; il avait pour fils Hugues de Morestel
(Guigue, *Cartulaire lyonnais*, I, 280-281).

[3] *Guido de Palanis*. Gui de Palanin, d'une ancienne famille du
Viennois. Le cartulaire de Bonnevaux mentionne *Berlio de Palanis*,
en 1175.

[4] *Ville*. Villefontaine.

[5] *Audemarus de Dentaiseu*. Demptézieu, commune de Saint-Savin.
C'est sans doute son fils, qui, sous le nom de *Girardus Aimari de
Dentaiseu*, figure dans un acte de 1232 du cartulaire de Bonnevaux.

quas tenebat Barnardus Molentinarius, costam et cum-
bam, binasque alias vineas juxta istas, et hoc quod habebat in *Coin* ad albam spinum[1], atque hoc quod habebat in
campo *de la Boxeiri*[2]. Hoc laudaverunt filii ejus Petrus
et Audemarus.

27

Quando Gira[r]dus de Vallibus perrexit trans mare
dedit Deo et domui Templi unam *peci de terra* in planiciis
Vallium[3].

28

Notum sit omnibus hominibus presentibus et futuris
quod Johannes *de Vernusclu* dedit domui Templi IIII
meilaes siliginis et unum frumenti et duas gallinas *in mas*
Petri Lagerii[4]. Hoc dedit predicte domui pro amore Dei
et pro anima sui patris. Hoc lauadavit mater ejus, et
Petrus filius ejus, et *Bellot*, filia ejus. Propter predictum
donum habuerunt predictus Johannes et Hismido *de
Setemo*[5] XXXVI [solidos]. Hoc dedit et laudavit predictus

---

[1] *In Coin ad albam spinum.* Il y a encore un lieu dit *le Coin* sur
Vaulx-Milieu, près de l'étang de Saint-Bonnet ; mais il y en avait
un autre sur Saint-Alban « joingniant le chemyn public tendant de
Bourgoind à Lyon » (Terrier n° 6, fol. 87 v°, 16 février 1558). C'est
sans doute de celui-ci qu'il s'agit : *ad albam spinum* pourrait alors
être identifié avec le lieu dit *à l'arbespin* ou *l'erbepin* (Terrier n° 1,
fol. 38 v°, 3 mai 1352 — Terrier n° 3, fol. 364 v°, 5 novembre 1477).

[2] *La Boxeiri.* Peut-être *la Buissière* « mandement de Bourgoin,
parroisse du dit Saint-Alban, au terroir de Mollaret » (Arch. du
Rhône, H. 1352, fol. 8 v°. Reconnaiss. du 31 décembre 1669).

[3] *In planiciis Vallium.* Le *plan de Vaulx*, commune de Vaulx-
Milieu.

[4] *In mas Petri Lagerii* = In tenimento Petri Lagerii. Voy. plus
loin ch. 39.

[5] C'est peut-être d'Ismidon de Septème, qu'est sortie cette deuxième

Hismido, et uxor ejus, et Gido et Uldricus, filii eorum. Testes sunt : Rostangnus *Aigral*[1] et Guilelmus, sacerdos eclesie Templi, et Petrus clericus *de Varaipu*[2] et Petrus de Costa, et Petrus Faber, et Durannus, clericus, *Jelafors*, et Uldricus, et Laurencius, fratres sui, et Guilelmus *de Chesa Nova.*

29

Boso *d'Espince* fuit sepultus in domo Templi *en Vall.* Peronia, uxor ejus, dedit predicte domui hoc quod habebat in duobus campis, *a Bagnuell, en les espines.* Testes sunt : Petrus de Costa, et Silvester *de Bagnuell,* et Alardus *Jurnals,* et Poncio *Raschel.*

30

Notum sit omnibus hominibus presentibus atque futuris quod Antelmus *de Monteluel*[3] dedit fratribus Templi hoc [quod] habebat *a Paunas*[4] pro eo quod fratres Templi habebant *a Illin*[5]. Hoc lauadavit Berlio *de Illin*, et uxor

famille de Septème dont M. de Terrebasse constate encore l'existence en 1310 (*Inscript. de Vienne, moyen âge,* II, 86). Le cartulaire de Bonnevaux fait connaître ses deux neveux : « ... in presentia Ismidonis de Septimo, et Guidonis et Guenisii nepotum ejus...» (n° 303, sans date).

[1] *Rostangnus Aigrat.* Reparaît dans le cartulaire de Vaulx sous les noms de *Rostains Agret* (n° 60), *Rostanus Esgratz* (n° 66). *Rostagnus Aygrath* figure comme témoin dans un acte du cartulaire de Bonnevaux, de l'année 1199, et il y est qualifié chevalier (n° 62). Cf. *ibid., Willelmus Aygras* ou *Aygratz* (n°ˢ 50, 109, 135).

[2] *Varaipu.* Varèpe-de-Groslée, Ain, canton de Lhuis ? (Cf. Devaux, p. 318, note 2, qui le rapproche du *Vuarapio* du cartulaire de Saint-André-le-Bas).

[3] Montluel, Ain, chef-lieu de canton.

[4] Ponas, commune de Bonnefamille, canton de la Verpillière.

[5] Illins, commune de Luzinay, canton de Vienne.

Antelmi, et Guichardus filius Antelmi. Testes sunt: Petrus de Costa, et Petrus Faber, fratres Templi, et Petrus *De Lai*[1], et Hugo Reidus, et Johannes *Lariva,* et Boso Durannus, *de Paunas.*

31

Notum sit omnibus hominibus presentibus et futuris quod Petrus *Rovoiri* accepit *in feu* hoc quod habebat *in Cuntest* et Vireiaci[2], a fratribus Templi. Idem Petrus dedit *lu prendre* in nemore, et pascua porcorum, et pascua omnibus suis animalibus, per omnem suam terram. Ideo habuit L solidos. Hoc laudavit uxor ejus et omnes pueri ejus, et Guillelmus, filius ejus, et Gaufridus, et duo parvi, scilicet Sieboldus et Petrus, et Genesius *de Bocosello.* Testes hujus rei sunt : Petrus de Costa, et Petrus Faber, et Audo, et Girar[d]us *de Rochi*, et Garinus *de Vall*, et Senioretus *de Rochi,* et Galterus Senioreti, et Rostagnus *de Chacin*, et Guigo *Lare*[3], et Arbertus Dunnis. Notum sit omnibus quod hac rem supradictam non possunt dare, nec vendere, nec ponere, ni fratribus Templi laudantibus.

32

Notum sit omnibus hominibus presentibus et futuris

[1] Petrus de Lai. Nous connaissons deux autres membres de cette famille : *Hugo de Lai* (Vaulx, n°⁴ 39, 41) et *Guigo de Lai* (Bonnevaux, n° 287). Aymon de Lay figure, en 1334, parmi les nobles de Bourgoin, qui prêtèrent hommage au dauphin. Les ruines du château de Lai se trouvent sur la commune de l'Isle d'Abeau.

[2] Vireiaci. Le mas du *pré* ou des *prés de Virieu,* sur la commune de Roche ; non porté sur le cadastre, mais connu par les terriers de Vaulx et le parcellaire de Roche de 1769 ; était proche du mas dit *sous l'église.*

[3] *Guigo Lare.* Du latin *Latro.* Cf. le français *Lair.*

quod Petrus *de Falaver*[1] fecit multas appellationes de pratis *de Murnas*, fratribus Templi, de domo *de Vall*. Hoc quod habebat in pratis dedit eis et terram quam habebat retro molendinum et arborem et nucem (arbor id est)[2]. Ideo habuit xxxx solidos. Hoc laudavit Guillelmus filius ejus et alii pueri. Testes hujus rei sunt : Petrus de Costa, et Petrus Faber, et Audo, et Garinus *de Vals*, et Senioretus *de Rochi*, et Berardus Andree et Guigo *de Pannussas*[3]. Hujus tenimenti particex erat Antelmus de Falaverio[4], qui dedit Deo et domui Templi hoc quod in predicto tenimento habebat, et habuit xx solidos. Hoc laudavit filius ejus Senioretus et habuit ii solidos, et Antelmus, filius ejus, et habuit ii solidos. Guilelmus de Falaverio dedit Deo et domui Templi hoc quod habebat in istis eisdem pratis, et habuit x solidos, et Bolattus, frater ejus, et habuit x solidos.

33

Hugo Borno dedit Deo et domui Templi, pro anima Wilelmi, fratris ejus, unum campum et unum pratum *en plata*, et habuit xxxx solidos. Hoc laudavit Marta a qua abebat, que erat domina hujus rei, et ambo filii domine, et Guichardus Papo, et habuerunt x solidos. Hujus rei testis est Wilelmus, capellanus Templi et Garinus *de Vall*, et Petrus Faber, et Petrus de Costa, qui recepit hoc donum.

[1] *Falaver.* Fallavier, commune de Saint-Quentin-Fallavier, canton de la Verpillière.

[2] *Nucem (arbor id est).* Au-dessus de *nucem*, on lit : arbor. e. *Nucem* doit donc s'entendre d'un *noyer*.

[3] *Pannussas.* Panossas, canton de Crémieu.

[4] *Antelmus de F.* Appelé *Nantelmus* dans le cartulaire de Bonnevaux.

34

Fratres Templi *de Vall* habebant terras *a Charantunai*[1]
de quibus Wilelmus *d'Artas*[2] fecit querimoniam. Hoc quod
ipse habebat et quod adeptus est dedit Deo et domui
Templi, et Girina, uxor ejus. Propter hoc habuerunt xv
solidos. Hoc laudaverunt in curia domine de Belliviso[3].
Hujus rei testis est domina de Belliviso, et Benedictus, capellanus, et Girardus *de Rochi*, et Gotafredus Mascherelus[4], et Geraldus de Sancto-Albano[5], et *Davil*, et Petrus
de Costa, qui recepit hoc donum.

35

Notum sit omnibus hominibus presentibus et futuris
quod Morardus de Sancto-Johanne, et uxor ejus, et
nepotes ejus, Sufredus et Bernerius, et Stephanus filius
neptis predicti Johannis, dederunt Deo et domui Templi
de Vall omnia que habebant in parochia Sancti-Albani.
Ideo dedit eis domus Templi *de Vall* iiii libras et Droconi
de Burnai[6] v solidos, et Petro de Sancto-Johanne[7] alios
v solidos, et iii solidos Johanni, nepoti suo, sacerdoti.

[1] *Charantunai*. Charantonnay, canton d'Heyrieu.

[2] *W. d'Artas*. Artas, canton de Saint-Jean-de-Bournay.

[3] *Domine de Belliviso*. Marie de Beauvoir, mère de Guillaume
de B., mort en 1191, et de Droon (Bonnevaux, n° 50). Ce Guillaume
devait être le fils de Siboud, l'un des premiers bienfaiteurs de l'abbaye de Bonnevaux (*Ibid.*, n° 9).

[4] *Gotafredus M.* Plusieurs membres de cette famille sont mentionnés dans le cartulaire de Bonnevaux : *Gotafredus* n'y figure pas.
Voy. à l'index les mots *Mascherellus* et *Mascerellus*.

[5] G. de Sancto-A. Saint-Alban-de-Roche.

[6] *Droconi de B.* Drodo (*Droco*) *de Burnay* et son frère *Boso* sont
témoins, en 1164, dans un acte du cartulaire de Bonnevaux (n° 54).

[7] *Petro de S° Johanne.* Est-ce le même que *Petrus de Burnay*,
« qui conversus est Bonevallis » (Bonnevaux, n° 325)?

Hujus rei testes sunt : Droco *de Burnai,* et Petrus de Sancto-Johanne, et Guillelmus Rostagnus, et frater *Ervis,* et Aemarus *de Dentaiseu,* milites Templi, et Petrus de Costa, et Petrus *de Breiseu*[1], et Guigo Jordani, et frater Martinus, et Johannes Albus, et frater Ado.

36

Notum sit omnibus hominibus presentibus et futuris quod Garinus *de Valt,* et A[e]marus, et Oliverus, filii ejus, habuerunt querimoniam cum fratribus domus Templi *de Valt* , de Radulpho *de Montballer* et de filiis ejus; qui, si aliquod jus habebant in predictis hominibus, dederunt Deo et domui Templi. Hoc laudavit predictus Garinus, et uxor ejus, et Aemarus, et Oliverus. [et] filii eorum. Preterea sciendum est quod, quando satis factum est de hac querela inter fratres Templi et predictum *Garin* et filios ejus, quod ipsi laudaverunt domui Templi *de Va[l]t* omnia illa que ipsi et antecessores eorum dederunt domui Templi *de Valt.* Ea hora videlicet qua satis factum est inter eos, laudaverunt eis pascua tali pacto, quod non liceret eis inducere animalia aliena, sed tantum modo animalia suorum hominum. Preterea laudaverunt eis medietatem *de les Lecheires*[2] et aquas a suo molendino et supra. Ideo, dedit eis domus Templi LX solidos, et Galtero *Malet* II solidos, et Johanni Ysardi V solidos, et Berardo Andree V solidos. Hujus rei testes sunt: frater Ervisius *de Valloiri,* et Petrus *de Breiseu,* et Petrus de la Costa, et Johannes Albus, et frater Andreas *le cellarers,* et frater Ado, et Aemarus Senioreti, et Galterus *Malet,* et Johannes Ysardi, et Berardus Andree

---

[1] *Petrus de Breiseu.* Bressieux, canton de Saint-Étienne-de-Saint-Geoirs.

[2] Les Lechères, commune de Vaulx-Milieu.

et Guilelmus de Falaverio, et Girinus *de Breins*, et Milo,
capellanus Templi, et Vifredus, capellanus *de l'Isla* [1].

37

Notum sit omnibus quod domus Templi *de Vall* habebat gageriam [2] quamdam de Bernardo Fabro, de Sancto-
Albano, VII libras. Pro hac gageria dedit predictus Bernardus parum terre fratribus Templi, pro in predium [3]
supra sanctum Albanum, *al Rafurn* [4]. Hoc dedit et
laudavit predictus Bernardus, et uxor ejus, et filii ejus,
et Anselmus, nepos ejus, et mater ejus, et fratres ejus.
Hujus rei testes sunt: Guido, sacerdos de Sancto-Albano,
et Petrus capellanus, et Armandus *Mestrals*; quod parentes
Vienne hoc laudaverunt testes sunt: Petrus *de la Costa*, et
prior *de Artais* [5], et Guilelmus *del Furn*.

38

Notum sit omnibus tam presentibus quam futuris quod
Aymars Sancti-Boneti accepit universas res quas habebat

---

[1] *L'Isla*. L'Isle-d'Abeau.

[2] *Gageriam... VII libras*. Man. *gargeriam. Bernardus Faber*
devait 7 livres aux Templiers et il leur avait donné en gage la
totalité ou une partie de ses immeubles. Pour racheter ce gage, ce
qu'il ne pouvait faire sans doute en remboursant la somme prêtée,
il abandonne au Temple la terre qu'il possédait au *Raffour*, sur
Saint-Alban.

[3] *In predium*, en toute propriété, en alleu. Voy. ch. 39: *in alodium,
sive in predium, quod idem est*.

[4] *Al Rafurn*. Voy. ch. 23. Le cadastre de Saint-Alban ne mentionne plus de lieu dit *le Raffour* (ou *Rafour*) et il se peut que ce
nom ait disparu de bonne heure. Cf. Terrier n° 4, fol. 3 v°, 9 juin
1524: « ... loco dicto *en champ Boliat*, qui antiquitus vocabatur
de *Rafort* (Apud S. Albanum) ».

[5] *Prior de Artais*. Il y avait à Artas un prieuré de l'ordre de
Cluny.

apud Sanctum-Bonitum, a domo Templi, et ipse *Aymars*
devenit homo de domo Templi, et dedit iii solidos
censuales luminare ecclesie et dedit in helemosina,
campo *d'Estables*[1], pro remedio anime sue et antecesso-
ribus suis, totum campum quod possunt laborare boves.
Hoc concessessit (*sic*) et juravit salvare et custodire in
pace in perpetuum. Testes sunt : G., frater ejus, et per
sacramentum, et habuit x solidos, et *Gauters de Verne* qui
habuit v solidos, Guillelmus de Villa-Orbana[2], frater G.,
claviger, frater *Giros li Ganieres*, Aymo capellanus Templi, frater Villelmus *li Ganeres*, clericus Petri Sancti-
Germani, Ancellmus, capellanus, frater Antelmus, preceptor eo tempore.

39

Notum sit omnibus hominibus presentibus et futuris
quod in carta ista continetur quedam pars serviciorum
dedals[3], de domo Templi *de Vall*. Fratres Templi habent
duos solidos ad portam de Beliviso[4], in curtili Duranni
Aenu[5] ; — a Vila[6], habent v solidos, in tenimento Guichardi *Marescot* ; — in curtili *Seriusun*, ii solidos ; — in
Johanne *Berbier*, xviii denarios.

Berardus Andreas dedit domui Temp[l]i xii denarios

---

[1] *Estables*. Trables ou les Trables, commune de Roche. Petit plateau situé entre les combes de Turetin et de Bionne.

[2] *Villa-Orbana*. Villeurbanne (Rhône).

[3] *Dedals* pour *deptals* représente le latin *debitales*. Ce sont les
services ou cens dus au Temple. *Serviciorum dedals* pourrait se
rendre par l'expression consacrée : *services censuels*.

[4] Beauvoir-de-Marc.

[5] *Aenu*. Cf. la forme féminine *Aena* (Cartul. de Bonnevaux,
nos 25, 35).

[6] Villefontaine.

a Vila, in curtili Joannis *Berbiers,* pro anima Guidonis Andree, fratris sui, qui fuit sepultus *en Valt.*

In tenimento Bosonis *de Monteballer* habent xv denarios et unum cartale frumenti et v *pucins*[1] ; — in tenimento Radulfi *de Monteballer,* unam minam frumenti et II solidos et VI denarios et IIII *pucins.*

Sieboldus debet, de suo tenimento, unum cartale frumenti et xv denarios et tres *pucins* ; — Hugo *de Lai,* III *cartaul* frumenti et XII denarios et III pucins et unam *espalla* in Nativitate Domini ; — Clemencius, XII denarios ; — Guilelmus *Macibos*[2], III *meitaers* frumenti et III *cartaus* de civa et xv denarios et VI *pucins* : — in tenimento Sieboldi Novelli, I cartale frumenti et v denarios et obolum et III *pucins* et unam *espalla,* in Nativitate Domini. — Bernardus Martini, I cartal frumenti in suo tenimento ; — Johannes Brus, I *meitaer* frumenti et XII denarios in suo tenimento : *li pea,* que est justa *la pea* Johannis, XII denarios. — Durannus *de Valt* et domina uxor ejus, qui sepulti sunt in domo Templi *en Valt,* dederunt unum curtile *a Masseinas,* in alodium sive in predium, quod idem est ; hoc debet III *meitaers* frumenti et VI *pucins* et VII denarios et unam cartam vini et duos capones et medietatem vini cujusdam vince.

Petrus *Escofers* debet v solidos de tenimento Guichardi *Dunneil,* et IIII denarios et cartonem vince quam dedit Hugo *Elmeras*[3] ; de prato quod dedit Petrus Rufus domui Templi, quod est justa molendinum Petri *Rovoiri,* debet

---

[1] *Pucins,* poussins.

[2] *G. Macibos.* Le cartulaire de Bonnevaux mentionne un *Johannes Macebo, Machebos, Macibo* (n°ˢ 194, 199, 204, 206).

[3] *Christianus* et *Guigo Elmeras* sont nommés dans le cartulaire de Bonnevaux (n° 117, année 1167).

x denarios predictus Petrus; — Johannes *Gilabers*, III
solidos, de prato quod est in terra *Bornonenchi*[1]; — Andreas de Sancto-Albano, XII denarios de prato quod est
justa *lu bes*; — Guilelmus *Duncella*, III solidos pro tota
terra sua; — Poncio Gilaberti, IIII denarios quos dedit
domina *de Neireu*[2]; — Johannes *del Molar*, XVII denarios; — Haimo *Follape*, V denarios, pro anima sua in
prato, *a Lungurua*[3].

A Bagnuel: in tenimento, *a Bagnuel*, *del Rachacens*[4],
habet domus Templi unum cartale frumenti et tres *pucins*,
VIII denarios ad nundinas *Pins*[5], XII denarios ad festum
omnium Sanctorum, et unam *espalla* et gallinam in Nativitate Domini; — in curtili Poncii de Campis, unum cartale frumenti, et tres *pucins*, et XIII denarios, et gallinam,
et taschiam[6] in terra.

Li Franceis[7] dederunt pro anima matris sue, unum

---

[1] *Bornonenchi*. La famille des Bornon ou Brunon.

[2] *Domina de Neireu*. Peut-être Esclarmonde (*Esclarmundia*),
femme de Guillaume de Neyrieu, mère de Jourdain et de Guillaume
(Cartulaire de Bonnevaux, nos 126 et 135 [1183]). Neyrieu, Ain, commune de Saint-Benoît.

[3] *Lungurua*. Lieu dit impossible à identifier aujourd'hui; paraît
avoir été situé sur le territoire de Saint-Alban. Voy. Terrier n° 2,
fol. 58 (1383) : « ... juxta fontes de *Longrua*... » (Apud S. Albanum).

[4] *Del Rachacens*. De la famille des Rachaz. Voy. le présent cartulaire et celui de Bonnevaux (nos 89, 98, 123, 279).

[5] *Ad nundinas Pins*. A la foire de la Tour-du-Pin. Cf. ci-après,
ch. 45 : *à la feiri de Pins*. Voy. aussi une charte du milieu du
XIIe siècle, publiée par M. Ul. Chevalier à la suite du cartulaire de
Saint-André-le-Bas de Vienne (*Appendix chartarum Viennensium*,
97* pp. 314-315), et où sont indiquées les principales époques auxquelles se faisait le paiement des cens ou redevances. L'une de ces
époques est *la feira de pis* (pour *pins*), ou simplement *la feira*.
Quel jour se tenait cette foire? Probablement le 24 juin.

[6] *Taschiam*, la corvée.

[7] *Li Franceis*. On trouve, dans le cartulaire de Bonnevaux, Giral-

curtil in cumba *a Biaun* [1] et debet unum cartale frumenti et tres *pucins* et ii solidos.

In curtili Mainerii, tres *meiteers* frumenti, et tres *pucins*, et gallinam, et xii denarios; — in curtili *Aimonier*, unum *meiteer* frumenti, et tres *pucins*, et xii denarios, et gallinam. Guifredus de Buxo dedit fratribus Templi, pro anima sua, tenimentum Guilelmi Rufi. In tenimento Guilelmi Rufi habet domus Templi vi solidos. — Archimbaldus, x denarios de prato *de Biaun*. — Petrus *Lagiers* et Guilelmus, nepos ejus, delbent in suo tenimento iiii *meitaers de segla* et unum *meitaer* frumenti et xviii denarios et duas gallinas.

40

Notum sit omnibus hominibus presentibus et futuris quod Acmarus Seniorctus dedit Deo et domui Templi *de Valt*, pro sepultura Roberti, nepotis sui, feodum Alardi et suum tenimentum, et filium fratris Alardi et suum tenimentum, et *Macibo* et filios ejus, et omnia que habebant ab eo. Hoc dedit et laudavit Guifredus Arbertus [2], pro anima sui filii, et Sebilla mater ejus. Dederunt eciam hominem quemdam *de Jonás* [3] et suum tenimentum. Hujus rei testes sunt : Jacerannus, sacerdos [de] Gesa nova, et Rainarnus *de Furs*, et sacerdos de Sancto-Albano, et sacerdos Templi, et Sieboldus *de Maireu* [5], et Rostagnus *de Chacins*,

dus, Nantelmus (*Nantelmus Frances de Falarerio*) et Villelmus Frances (343, 117, 36).

  [1] *In cumba a Biaun.* La combe de Bion, près de Bourgoin.

  [2] *Guifredus Arbertus.* Frère d'Aimar Senioret et père de ce Robert pour la sépulture duquel est faite la donation mentionnée dans cette charte.

  [3] *Jonas,* Genas.

  [4] *Gesa nova,* Pour *Chesa nova* = Chèzeneuve.

  [5] *Maireu.* Meyrié, canton de la Verpillière, ou Meyrieu, canton de Saint-Jean-de-Bournay.

et Petrus Faber, et Petrus de Costa, qui recepit hanc elemosinam. Filii predicti Alardi debent domui Templi *de Vall* II solidos, et unum cartale frumenti, et III pullos in perpetuum. *Macibos* et filii ejus debent I cartale de civa, de tenimento hujus elemosine.

41

Galterus, filius uxoris Ugonis *de Lai*, accepit omnia que habebat *a Duiemu*[1], a domo Templi, et donat II solidos in perpetuum.

42

Notum sit omnibus hominibus presentibus et futuris quod Hugo *Serraczins* vitam finivit in domo Templi *de Vall*. Pro cujus anima Guilelmus *Serraczins*[2] et Elisabhet, soror sua, et Cristinus, cognatus ejus, et dominus Aimo

[1] Diémoz, canton d'Heyrieu. « Depuis Aymar du Rivail, Chorier et Guy-Allard, on explique ce nom par *decimus*, soit que le pays fût situé au dixième milliaire de Vienne, soit qu'il eût été ainsi nommé de la dixième légion qui y aurait été casernée, — ce qui est inadmissible. — Mais *Dueysmo* (forme donnée par le cartulaire de Saint-André-le-Bas, ch. 303) suppose *dodecimus;* de plus la distance de 19 kilomètres de Diémoz à Vienne fait 12 milles romains plus 1,180 mètres. L'ancienne étymologie doit donc être abandonnée. » (Abbé Devaux, *Essai*, etc., p. 257, note 2). Cette opinion est absolument confirmée par un texte que cite M. de Terrebasse (*Inscriptions*, II, 86, note 2), qui cependant voyait dans *Diémoz* le latin *decimus*. « Saint Adon, dit-il, archevêque de Vienne au IXe siècle, dans le récit qu'il fait de la translation du corps de saint Theudère, de Vienne à Saint-Chef, nous apprend qu'il existait encore sur cette même route un lieu *que l'on ne connaît plus aujourd'hui* et qui tirait son nom de la douzième pierre : *Delatum est sanctum corpus in locum Duodecimum nuncupatum.* (Acta SS. ordinis St Benedicti, t. I, p. 119 ex edit. Venet.) ». Ce lieu, « que l'on ne connaît plus », est précisément Diémoz.

[2] Man. *Serrazcins.*

de Bozosello, dederunt Deo et domui Templi hoc quod habebat *el mas du Milleu*[1]. Testes hujus rei sunt : Garinus *de Vall*, et Aemarus *de Dentaiseu*[2], et Petrus de Costa, et Petrus Faber, et Johannes Albus, et frater Audo. Pro hoc *mas* debet *Gastel e li Maniglarenc* xx solidos in perpetuum.

43

Notum sit omnibus hominibus presentibus et futuris quod Aemarus *de Rumanesges*[3] dedit et laudavit domui Templi quicquid ipse habebat in terra Antelmi *Ravais*. Pro eo habuit xv solidos et Genesius *de la Porta*, iii solidos. Testes hujus rei sunt : Hervisius, preceptor *de Valloria*, et Anselmus, preceptor domus *de Vall*, et Johannes *Vircus*, et dominus Aimo de Bocosello, et Aemarus Senioreti, et Garinus *de Vall*, et Antelmus de Falaverio, et Johannes Ysardi, et Galterus *Malet*, et Rainaldus *de Bux*, et Stephanus *de Bux*, et Rostagnus *de Chacins*. Hoc juravit Aemarus *de Romanesges* in manu Hervisii, preceptoris *de Vallori*.

44

Rostagnus *de Chacin* dedit Deo et domui Templi ruptas *de Larit*[4] in perpetuum, tali conventione, ut ipsi

---

[1] *El mas du Milleu*. Probablement Milieu, commune de Vaulx-Milieu ; mais il y avait aussi un mas du même nom sur Saint-Marcel-de-Belaccueil, longtemps appelé Saint-Marcel-de-Millieu (Voy. carte de Cassini). Terrier n° 1 [1352], fol. 54 v°. « Item unum pratum situm in prato *de Milheu* de S° Marcello, etc. ».

[2] Man. *Dentause*.

[3] *Rumanesges*. Romanèche, commune de Rochetoirin.

[4] *Larit*. Lieu dit situé sur la commune de Culin. Arch. du Rhône, H. 1345, 11 décembre 1675 : « ... audit Bagnieu, au terroir du Loupt ou Marmoz et *Laris* ». — Reconnaissance de 1775 : « ... audit lieu de Bagnieu, parroisse de Culin, au mas de *Laris*... ».

Templarii, annuatim, tres meitarios illius annone quam terra proferret illi et participibus illius terre redderent. Et Anselmus, qui hoc fecit, dedit ei xv solidos, et Arberto *Malet*, xii denarios. Stestes sunt : Antelmus de Falaverio, Audemarus *de Romanesches, Rainaus de Bux*[1], Stephanus *de Bux*[2], *Audemars Malez*, Ugo *Malez*.

45

Notum sit omnibus hominibus presentibus et futuris quod Petrus *Bruns* dedit domui Templi se ipsum et duo molendina, que ipse habebat Burgundii, et terram de Cumba Rumei[3] et Petrum *Dia* et tenimentum suum. In cujus tenimento dedit v solidos in perpetuum. Preterea sciendum est quod Petrus *Dia* dedit omnem possessionem fratribus Templi, si forte contingeret eum mori sine herede. Qui talem fecit convencionem cum fratribus Templi quod non liceret ei vendere, vel emere, vel dare possessionem suam, sine consilio fratrum Templi. Item, Petrus dedit hoc quod ipse habebat *a Pacenou*[4], et terram de Dumarino, et Jordanem Mulnerium et suum tenimentum, et *Boniol* et suum fratrem, et *la vergeri* justa *Biaun*[5], et *la*

---

[1] Man. *Rainax de Bux*. C'est le *Rainaldus de Bux* de la charte précédente.

[2] *Stephanus de Bux*. Mentionné comme « *conversus* » dans une charte non datée du cartulaire de Bonnevaux (n° 282).

[3] *Cumba Rumei*. Voy. ci-après *Comba Romee* et *coube Reme* (ch. 54 et 58). Ce nom, que je ne saurais expliquer d'une façon satisfaisante, persiste sous des formes diverses (*Cumba* ou *Comba Rumeuz, Rumyeu, de Remyeu*, etc.) jusqu'au commencement du xvi° siècle. Il désigne certainement, comme le prouve une procédure du 20 novembre 1470 (Terrier n° 3, fol. 387-387 v°), la *Combe de Bion*, près de Bourgoin.

[4] *Pacenou*. Lieu dit non identifié.

[5] *Biaun*. Bion, près de Bourgoin.

planta quam tenet Barnardus *del Molar*, et terram *de sut l'estra* quam tenet idem Barnardus. Dedit etiam hoc quod Petrus de Cuulino habebat ab eo, et vineam quam tenet *li Mestral* de Sancto-Albano[1], et duos denarios quos debet *Bonet de Valt*, et terram justa *Biaun* quam tenet *Ruset Charot*. Hec supradicta dona dedit Petrus *Bruns* in manu Anselmi preceptoris *de Valt*. Hujus rei testes sunt : Johannes Albus, frater Ado, frater Boso. Preterea sciendum est quod Milo, frater predicti Petri, dedit et laudavit fratribus Templi, in platea justa ecclesiam beati Johannis *a Bergun*[2], quicquid frater suus fratribus Templi dederat. Hoc factum est in tempore Anselmi, preceptoris *de Valt*. Hujus rei testes sunt : Hemo, sacerdos, et Martinus, capellanus *de Crachies*[3], frater Ado, frater Boso, Durannus *Jetafors*, Guido *dels Bals*[4]. Petrus de Sancto-Germano, Johannes Ysardi, Petrus *Eschot*, Uldricus Guranni, Hismido *del Til*, Berlio Berardi, Petrus de l'Islata, Petrus *Dia*, Barnardus Calerius, Martinus *Vola*, Galterus *de Culino*[5], Haimo de Sancto-Savino.

Petrus *Dia*, v solidos ; — *Ruset Charot*, vi denarios ; — Petrus de Cuulino, xvi denarios — (*sic*) et iii pullos uno anno, et alio non. *A Pacennou*, xii denarios vel quartam partem nemoris ; — Jordanus Molendinarius, xviii denarios ; — *li Biniot*[6], xviii denarios ; Barnardus

---

[1] *Mestral* est sans doute ici un nom de famille. Une « lième confinale du Temple de Vaulx », de l'année 1555, mentionne une reconnaissance de « Leonnet Mestral, de Saint-Alban ».

[2] *Bergun*. Bourgoin.

[3] *Crachies*. Crachier, canton de Bourgoin.

[4] *Guido dels Bals*. Gui des Baux. Voy. l'introduction.

[5] *De Culino*. Restitué par conjecture. Le man. porte *Cuinou* ou *Cuinon*.

[6] *Li Biniot*. Man. *li Binnot* ou *Biniot*. Le même personnage est appelé plus haut, dans cette même charte, *Boniot*.

del Mular III *biget* frumenti, et gallinam in carniprivio;
— Armandus *Mestrals* et Boso, frater ejus, I *meitaer* frumenti et VIII denarios *a la feiri de Pins*.

46

Notum sit omnibus tam futuris quam presentibus quod Willelmus *de Panosas* dedit Deo et domui Templi *de Valz* partem quam habebat in decimam ipsius ville, pro sua suorumque salute. Hoc laudaverunt filii et filie ejus cum maritis, et hii omnes juramento confirmaverunt. Post hec Anselmus, qui tunc temporis preceptor predicte domus erat, dedit eis, de helemosinis Templi, XIII libras et VII solidos. Hujus rei testes sunt : Milo, capellanus, et Barnardus, clericus, Boso Rufus, Boso de Villa, Johannes Albus, Garinus *de Valz*, Aimo *Bergiers*, *Foreis*, Andreas *de la Palu*[1] et frater Johannes *de Borbon*, Boso Pistor, Barnardus Porierius, *Duranz Marigler*, Stephanus *Marigler*, *Otgiers Durelz*, Boso *Baudrais*, Martinus *de la Rovori*.

47

Sciant universi quod Rostannus *de Chaceu* dedit Deo et domui Templi de Vallibus se ipsum, et dedit domui Templi de Vallibus medietatem terre et hominum quam habebat in villa *de Laceu*[2], et dedit eidem domui Templi medietatem de omnibus que habebat in parrochia *de Fors* et *de Romacon*, exceptis duobus plantis quas dedit filie sue Willelme. Dedit etiam Templo partem quam habebat in bosco *de Ambivel*[3], et pascua per totam terram suam

---

[1] *De la Palu.* Peut-être l'*Epalud*, commune de Domarin.

[2] *Laceu.* Lassieux, commune de Roche.

[3] *Ambivel.* Commune de Bonnefamille. C'est la combe de *Bivel* ou *Bivet*.

priu[s]quam de terra donum fecisset. Dedit ad porcos
Templi de Vallibus jus suum quod habebat in glande de
nemore *de Alcierunt*, Hoc donum fecit in manu fratris
Anselmi, tunc temporis preceptor (*sic*) de Vallibus, qui
hanc terram de elemosinis Templi redemit xxvi libris
minus v solidis. Testes sunt : dominus Aimo *de Bocsosel*,
et Aimo filius ejus, et dominus Aimardus *Senoret*, et
Aimardus, nepos ejus, Galterius *Malet*, Aimardus *de Romanesches*, Arbertus Malet, Aimardus *de Mareu*[1], Garnerius *Pollos*[2], Aimardus de Vallibus, Aimardus *Malet*,
Senoret de Roca, Galterius *de Quincenas*[3].

48

Sciant universi presentes et venturi quod dominus Galterius *Malet*, et Aimardus *Malet*, et Ugo *Malet*, dederunt
Deo et domui Templi omnia jura que habebant in vinea
de Donmarim et in Ugone *de Lai* et suo tenemento, et in
alodiis de Bellomonte, et de hoc pacem perpetuam juraverunt. Hujus rei gratia habuerunt, de elemosinis Templi,
lx solidos. Testes sunt : frater Anselmus, tunc temporis
preceptor domus Templi de Vallibus, frater Johannes
Blanc, frater Aldo, Petrus *de l'Islate*[5], Johannes Isardus[6],
Cristinus *Esmeras*, Armandus Mistralis de Sancto-Albano,

---

[1] Meyrié ou Meyrieu.

[2] *Garnerius Pollos.* Peut-être faut-il le rattacher à la famille
noble des *Polloud*, que l'on trouve établie à Saint-Agnin dès la fin
du xiii° siècle (Chorier, *L'estat polit. de la province de Dauphiné*,
t. III, pp. 450-453).

[3] *Quincenas.* Quinsonnas, commune de Sérézin, canton de Bourgoin.

[4] *In alodiis de B.* Les *Allus*, commune de Saint-Alban-de-Roche.

[5] *L'Islate.* Man. Lielate.

[6] *Isardus.* Man. Isasdus.

Petrus Boiron, Garinus de Vallibus, Aimardus, filius ejus, Aimardus *Senoret*.

49

Notum sit omnibus tam presentibus quam futuris quod Girardus *de Rumileu*[1] laudavit et dedit Deo et domui Templi *de Vall* hoc quod pueri Vitfredi Arnoldi habebant ab eo *en Cumba Rumei, a Bergun*. Inde habuit, de elemosinis Templi, xxv solidos. Hoc fuit factum consilio Anselmi, preceptoris tunc temporis *de Vall*. Hujus rei testes sunt : Rainardus et Petrus Molendinarius, fratres Templi, et Genesius *de la Porta*, qui habuit inde ii cascos et Johannes Ysardi, Petrus de Sancto-Germano, Hugo *Tivell*, Petrus *de l'Islata*, Petrus *Gallers*, Willelmus Rigaldi, Stephanus Molendinarius, Otgerus Arbolt, et Galterus, frater ejus.

50

Item notum sit omnibus tam posteris quam presentibus quod domina Willelma *dels Bull*, et Aemarus, filius ejus, et Willelmus, et Uldricus, et Faleva[2], soror eorum, dederunt et laudaverunt domui Templi *de Vall* vi denarios, quos habebant *el bes* molendini Petri *Brun*, et omnem querelam quam ibi habebant. Hoc confirmavit predicta domina, et Aemarus filius, sacramento. Propter hoc habuerunt iiii libras. Hec convencio facta fuit tempore Anselmi

---

[1] *Rumileu*. A rapprocher de Romelie (ch. 57).

[2] *Faleva*. Nom d'origine germanique, qu'on trouve à l'époque mérovingienne sous la forme *Faileuba* ou *Faileuva*. Il était porté par la femme de Childebert II (Grégoire de Tours, *Historia Francorum*, IX, 38 — Pertz, *Leges*, I, 6. Guntchramni et Childeberti reguin pactum. 29 novembre 587).

preceptoris de Valt tunc temporis. Hujus rei testes sunt :
Ervisius preceptor *de Vallori*, et Haimo, capellanus de
Burgundio, et Durannus *Jetafors*, Galterus *Tivelt*, et Hugo
frater ejus, Johannes Ysardi, et Petrus de Sancto-Germano, Petrus de l'Islata, et Hugo *del Til*, et Willelmus
Berardi, et Boso, frater ejus, Uldricus *Eschot*, et Hugo de
l'Islata, Laurencius *Jetafors*, et Petrus Esjamperius, et
Brun d'Illat[1].

51

Item noscant presentes et posteri quod Senioretus *de
Rochi* dedit Deo et domui Templi *de Valt* dominium quod
habebat in terra *d'Estables*. Propter hoc habuit XL solidos et I sextarium de civa Vienense, et Girinus *de Breens*
I *bichet*. Hoc fuit factum tempore Anselmi, preceptoris
de Valt. Testes sunt : Milo, capellanus, et Garinus *de Valt*,
et Aemarus *de Valt*, et Johannes Albus, et frater Boso, et
Rainardus, et Barnardus clericus, et Guichardus *Marescoz*.

52

Aemarus *de Valt* abrenunciavit et dedit Deo et domui
Templi *de Valt* parum prati quod est justa pratum *de
Rua*[2] et sacramento confirmavit. Hoc factum [est] tem-

---

[1] *Brun d'Illat ?* Man. *Brundillat*.

[2] *Pratum de Rua*. Lieu dit situé sur Saint-Germain, commune
de l'Isle d'Abeau ; n'est pas porté sur le cadastre (où figure cependant un *Pré du Temple*) et ne parait plus connu sous cette appellation. — Terrier n° 1, fol. 41 (1352) : « ... prati vocati de Rua... ».
— Terrier n° 3, fol. 330 (22 septembre 1460) : « ... abberagium sui
prati de Rua... » (en marge et d'une écriture plus récente : *Pré
Ruat*). — Terrier n° 4, fol. 353 v° (8 avril 1525) : « ... in territorio
de Ruta..... juxta pratum clausum dicti Templi ex occidente... »
(Apud S. Germanum). — Arch. du Rhône, H. 1352, fol. 70. Reconnaissance du 1er juin 1670 : « ... une piesse de terre... située sur
ledict l'Isle d'Abbeaux, au lieu appellé *pré de Ruaz...* ».

pore Ervisi; preceptoris *de Valloiri*. Testes sunt : Anselmus preceptor *de Valt*, et Garinus *de Valt*, et Galterus claviger, et Barnardus, clericus, et Petrus, pistor, et Johannes *de Nivulas*[1], et Guigo.

53

Sciant presentes et posteri quod Rostangnus *de l'Isla* et filius suus dederunt fratribus Templi et sacramento confirmarunt hoc quod ipsi habebant commune cum Petro *Brun* et suis, in vineis de Dumarino, sive in aliis rebus. Hujus rei testes sunt : Anselmus tunc temporis preceptor *de Valt*, et Durannus *Jetafors*, Johannes Ysardi, Petrus de l'Islata, Durannus Chavillardi, Stephanus *Salavin*, et Laurencius frater ejus, Armannus Lumbardi, Aimo *Ba[u]zans*. Hoc idem laudavit filia predicti R. Testes sunt : Petrus Villanus, sacerdos, in manu cujus sacramento confirmaverunt, et frater Anselmus tunc preceptor, et Petrus de Illata, et Hismido, et Gaufridus [de] Sancto-Savino.

54

Domina *de Mosas*[2], mulier Johannis Isardi, Petrus Isardi, dederunt Deo et Sancte Marie et fratribus Templi, in remedio animarum suarum et antecessorum suorum omnia jura que habebant in *Combe Romee*, et ortum Copelline debent libere et quiete adversus omnes concedere et tueri. Et ortus Richardi Pellicerii est insimul com dono isto. Hujus rei testes sunt et fidejusores, ex parte domine *de Mosas*, Aimardus *de Romanesches*, et,

---

[1] *Nivulas*. Nivolas-Vermelle, canton de Bourgoin.
[2] Mozas, commune de Jallieu.

ex parte Petri Isardi, Helias. Pro hac elemosina predicta domina et Petrus Isardi xx^{ti} et ii libras et *dime* Viennensium habuerunt. Hujus rei testes sunt : Aimardus *de Roma[nes]ches*, Helias, Ugo *Malez*, Boso *Berrar*, Will[el]mus *Berart*, Michael *Terrace*, Gauterius *Tablon*, Petrus *de Ilate*. Hanc elemosinam recepit frater Ansermus, tunc temporis preceptor de domo Templi *de Vaus*, et fuerunt con eo, de fratribus Templi, frater Guigo *Jordans*, frater Petrus *Moniers*, frater Guichardus, frater Boso, frater Stephanus, Petrus *de Maseiu*[1], Stephanus *Salavin*, Laurencius *Salavin*, Ugo *de Mosas*[2], Willelmus *Croset*, Michalet *li Cordiers*, Aimo *de Bergon*, Martinus *Vola*, Giroudus Faber, Guaterus *Misal*.

55

Sciant universi tam presentes quam futuri quod, si dominus Oliverius *de Vaus*, pro remedio anime sue et antecessorum suorum, dedit Deo et fratribus Templi ii^{os} solidos in quodam prato *de Rua*, et quodam ortum in Bellomonte, et v^{que} nommos *a Rueler*, et terram *de Blesenchen*[3], pro hac elemosina predictus Oliverius vii^{tem} libras

---

[1] *Maseiu*. Meyzieu, chef-lieu de canton.

[2] *Ugo de Mosas*. L'un des témoins du testament d'Albert II de la Tour (1190).

[3] *A Rueler* et *terram de Blesenchen*. Rueler (Ruilier, Rulier, Ryellyer, Ryellier, Royellier) et Blesenchen (Blesenches, Blesenchies) étaient des lieux dits situés sur Saint-Germain, commune de l'Isle-d'Abeau. Ils ne sont mentionnés que dans deux des plus anciens terriers de Vaulx. Terrier, n° 3, fol. 341 v° (10 juillet 1466) : « in territorio de *Blesenches*, locto dicto *en Ruylier*, juxta iter tendens de Burgondio versus Lugdunum ex borea... et juxta terram dicti templi vocatam *de Ruylier* ex oriente, et juxta costam nemoris vocatam *de Rulier* (la Côte-Saint-Germain, du cadastre?) ex vento... ».

habuit de elemosinis domus, quas preceptor frater Anselmus domus *de Vaus* eidem prebuit. Ut autem hoc donum [firmum] ratumque pariter habeatur, ipse prenomi-
natus Oliverius, et Aimardus eju[s]dem frater, super sanctum Evangelium confirmaverunt; justa consuetudinem
sancte ecclesie juraverunt. Testes: frater Willelmus *de
Nerei*, frater Boso, frater Johannes Albus, frater Guido
de Bainus, Johannes *Jaravonz*, Pontius *de Brens*.

56

Sciant universi quod Armandus Lumbuardus[1], pro
remedio anime sue et antecessorum suorum, dedit *1ⁿ meí-
taer* de frumentio et 1 galinam. Hanc elemosinam recepit
frater Anselmus, tunc temporis preceptor de domo
Templi *de Vaus*. Predictus Lumbardus, de elemosinis
domus, xxxxginta solidos et 1 *meitaer* frumenti habuit.
Testes : frater Willelmus *de Nerie*, frater Johannes
Albus, frater Boso, frater Petrus Monerius, frater Johannes *de Maisennai*, frater Guido *de Bainuis*, Udricus *de
Septeme*, Martinus *Marans*, Willelmus, capellanus, *Mallens*.

57

Sciant tam presentes quam futuri quod Aimardus *Malet*
et Ugo *Malet* dederunt Deo et fratribus Templi, pro remedio animarum suarum et antecessorum suorum, Ma[r]ti-
num *Vola* et vineam suam, et terram *de Caraus*, et vineas
qui illic sunt, propter Unbertum nepotem eorum. Pro
hac elemosina predictus Aimardus et Ugo, frater ejus, de

---

[1] *Armandus Lumbuardus.* Appelé plus loin *Armannus Lombars.* Il
y a sur l'Isle-d'Abeau un lieu dit *le Lombard,* auquel cette famille,
plusieurs fois mentionnée dans le cartulaire, a sans doute donné son
nom.

7

elemosinis domus, habuerunt c et x solidos, quos frater
Anselmus, preceptor domus *de Vaus,* eisdem prebuit.
Testes : frater Johannes Albus, frater Boso, frater Gui-
chardus, frater Guido *de Bainus,* Radulfus, clericus, Petrus
de Romelie, Johannes *de Lagina,* Gaufridus Boverius,
Petrus de Illata, Ogerius, Bernadus *Pellaz,* Oliverius *de
Vaus.*

58

Sciant universi quod Gaufridus de Illata, et Petronilla,
soror ejus, dederunt Deo et Sancte Marie et fratribus
militie Templi, pro elemosina, terram *de Cónbe Reme* et
terram *de Rueller.* Hoc super sanctum Evangelium con-
fi[r]maverunt. De hac elemosina habuerunt III^or libras
v solidis minus. Stestes : frater Johannes Albus, frater
Guido, frater Alardus, frater Johannes *de Masonas* [1], frater
Aimo Bergerius.

59

Sciant universi quod Girinus *de Brens* ter[r]am *de
Ripaus* [2], II^as partes videlicet, pro remedio anime sue et
antecessorum suorum, dedit Deo et fratribus milicie Templi, laudante Umberto *del Gua* [3] et Petro de Sancto-Mar-
tino, nepotes ejusdem. Pro hac elemosina, c solidos [et]
I sextarium *de secle* sensualiter habuerunt. Hoc super

---

[1] *Masonas.* Massonas, commune de Frontonas.

[2] *Ripaus.* Ripas, commune de Roche ; non porté sur le cadastre
et paraissant inconnu sous cette appellation. Terrier, n° 1, fol. 50
(1352) : « ...unum castanetum situm *en Ripas...* ». — Reconnaissance
du 23 octobre 1771 : « audit Saint-Bonnet, au mas de Ripaz... ».

[3] *Del Gua.* Probablement *lo Ga,* lieu dit de l'Isle-d'Abeau ;
point où l'on passait autrefois la Bourbre à gué : un pont de
pierre remplace aujourd'hui le gué.

sanctum Evangelium confirmaverunt *Senoret de Roca*, et Gauterus, frater suus. Hujus laudis habuerunt xx solidos. Umbertus, nepos ejusdem, in fraternitate Templi receptus fuit. Testes : frater Willelmus *de Nerei*, frater Johannes Albus, frater Boso, frater Bernardus, frater Guido, frater Johannes *de Masonai*, frater Petrus Monerius, frater Gaufridus.

60

Sciant universi quod Gillelmus *de Nerie* dedit Deo et fratribus Templi, pro remedio anime sue, terram qua[m] Bernardus *Paniers* possidet ad sanctum *Savim* (*sic*), et cartum vince quod habebant pueri Bosonis *Tacon*, et *Landre Painel*, et *lo* revellum quod tenet Petrus Pochartus, et hoc quod posidet Umbertus *Granet*, et feodum quod tenet mulier Berna[r]di *Agnolie*. Factum est istud tempore fratris Anselmi preceptoris. Jordanus et Gillelmus, filii ejus, juraverunt hoc firmiter observare. Testes: frater Stephanus, presbiter, Gillelmus, presbiter *de Fors*, frater Gygo, claviger, Boso *Morellons*, Mallains, Stephanus *li Bergiers*, Aimo *li Bergiers*, *Rostains Agret*, *Sibois* Andreas, Gillelmus *del Boschet*, Johannes *Nivolaz*, *Armant Lombarz*, *Forois*, *Valerius*, Jofredus *Boviers*. Terra quam Barnardus *Paniers* tenet debet I *quartal comble* de frumento et II solidos et III *pocins;* — Petrus *Bochuz,* III solidos censuales; — Unbertus *Granaz,* XIIII denarios; — Unbertus Sibois, unum *mottier* de frumento et VI denarios. De his accipiunt partem terciam Galterus et Giraudus, fratres.

61

Sciant universi tam presentes quam futuri quod Aemarus

de Bucusello et frater ejus omnes querelas quas habebant
apud domum Templi reliquerunt, et, de elemosinis Templi,
xx solidos habuerunt. Hoc in manu preceptoris Michae-
lis juraverunt. Hujus rei testes sunt : Boso Berardus, Melorez Garnerius, *Senorez de Crimeu*, frater Michael *Terraci*.
Hoc fuit factum ante domum Ogerii *Tivelz*.

62

Noverint omnes quod domina de Villa, scilicet uxor Arberti *Malezt*, quando venit ad ordinem[1], retinuit sibi Johan-
nem de Via, et pueros ejus, et suum curtile. Tamen predicte
domine placuit quod hominem istum pro remedio anime
sue domui Templi de Vallibus daret. Hanc elemosinam
Arbertus *Maletz*, et omnes filii ejus, bona voluntate laudaverunt et sacramentaverunt, pro pace reformanda. Fidejussores sunt : Ugo *Malezt*, Rainaudus *de Bois*, et Aemarus
de Vulantz, et Antellmus de Falaverio. Propter hanc ele-
mo[si]nam, ex elemosinis Templi, ccc solidos habuerunt.
Hujus rei testes sunt : frater Willelmus, sacerdos, frater
Michael, preceptor, frater Michael *Terraci*, frater Guigo,
claviger, frater Gauterius, frater Petrus *de Maiseu*[2],
Johannes *Vibounz*[3], Aemarus de Vallibus, Rainaudus *de
Bois*, et Aymo, filius ejus, Guichardus *Mareschot*, Petrus
de Lai, Guido *de Duiemo*, Petrus *Gafuers*, Petrus de

----

[1] *Quando venit ad ordinem*. Le Temple admettait des « sœurs
données », mais à la condition qu'elles ne vécussent pas sous
le même toit que les chevaliers et les frères. Voy. les articles 69
et 70 de la *Règle du Temple*, édit. par H. de Curzon, p. 68, 69 et
n. 1.

[2] Meyzieu.

[3] *Johannes Vibounz (Vibodus, Viboudus)*. Il était prêtre (*sacerdos*) et curé ou desservant (*capellanus*) d'une église qui n'est pas
indiquée. Voy. ci-après nos 70, 72, 73, 74.

Chalaisino[1], Willelmus *Aulons*, *Faracons*, Umbertus *de Brens*, Bertranc de Sancto-Chomont, Roboudus, Jhoannes Mugnarius, Petrus Gebennensis[2].

63

Sciant tam presentes quam posteri quod domina de Sancto Boneto et filii ejus, cilicet Willelmus, et Boso, et Aemarus, dederunt, pro remedio anime *Jachet*[3], quod habebant in terrario *de Laceu*, et quemdam hominem, scilicet *Meisoner*[4] et pueros ejus. Propter istam elemosinam, ex elemosinis Templi, x libras habuerunt. Predictus terrarius terminatur a ciriserio[5] usque ad rivum *de Begna*[6] et usque ad rivum *dé Rochi*. Hujus rei testes sunt : frater Michael, preceptor Templi Vallis; frater Willelmus, sacerdos; Jhoannes Viboudus, Durandus *Chais*, frater Boso *Morlons*, frater Michael *Terraci*, Petrus *de Lai*, Guichardus *Mareschot*, Borno *Maletz*, et Willelmus *Maletz*, et *Frances*, et *Bertranc*, Petrus *Brus*, *Tener*, *Arnut*, Willelmus *de Torchifelloni*[7], *Berlo Senoret*, *Guenis Senoret*, Andreas *de Laceu*, Arbertus *Flamens*.

---

[1] *Chalaisino*. Chaleysin, commune de Saint-Just-Chaleyssin, canton d'Heyrieu.

[2] *Petrus Gebennensis*. Cf. *Petrinus Gebennensis*, ch. 92 et *Peronis de Genevels*, ch. 70.

[3] *Jachet*. Forme familière et populaire: *Jacques* ou *Jacquet*. Cf. la charte 90 où *Jacat* (ou *Jacaz*) est mis pour *Jacobus*.

[4] *Meisoner*, le moissonneur : d'où le nom de famille Meissonnier.

[5] *Ciriserio*, le cerisier. Voy. Ducange, v° *Ceresarius*.

[6] *Rivum de Begna*. Le ruisseau de Bionne.

[7] *Torchifelloni*. Torchefelon, canton de la Tour-du-Pin. C'est le nom d'une célèbre et ancienne famille du Viennois. Chorier ne fait commencer son histoire qu'en 1257.

64

Sciant omnes quod Boso *Boirons* et Falca, uxor ejus, in cimiterio Templi de Vallibus seipsos ad sepeliendum concesserunt, et, pro remedio animarum suarum, annuentibus suis pueris, ii solidos et unum obolum pro elemosina domui Templi dederunt. Ipsa domus Templi debebat eis xix denarios et obolum, et Petrus *de Lai* debebat eis quos debet amodo domi Templi[1]. Hujus rei testes sunt : frater Boso *Morlons,* et Euvardus, et uxor *Callal,* que filia ejus erat.

65

Sciant omnes quod Mairinus de Insula dedit, pro remedio anime sue, viii denarios de uno curtile quod tenent Poncius Guichardus et Novelli. Istius elemosine testes sunt : frater Michael *Terraci,* et capellanus de Insula, et Bernardus *Mestralz,* et Pola, uxor ejus, et Bosona de l'Islata.

66

Sciant omnes quod Berlio Garnerius dedit Deo et domui Templi Vallis vineam quam habebat Domarino, pro redempcione sue anime. Hanc elemosinam laudavit soror ejus et Girinus de Sancto Simphoriano[2]. Pro laude istius vinee habuerunt, ex elemosinis Templi, centum solidos. Hujus rei testes sunt: Aemarus *de Romanesches,* Boso Berardus, Girardus *de la Porta,* Jhoannes Roboudus,

---

[1] *Quos debet amodo Templi.* Un chiffre a dû être omis, à moins que la dette de Pierre de Laine ne s'élevât précisément au montant de la donation faite au Temple par ses créanciers.

[2] Saint-Symphorien-d'Ozon, chef-lieu de canton.

Willelmus Athenolfus, Willelmus *de la Mota*, Antelmus *Cerloa*, Boso *de Martungi*[1], frater Willelmus, sacerdos, frater Jhocerandus. Jhoannes *d'Espinei*, sacerdos, Petrus clericus *de Chatonnai*, Rostanus *Esqratz*, Hugo Lupus, Wisfredus *de Leens*, Arbertus Guido, Petrus de Sancto-Paulo. Hoc donum acceperunt frater Willelmus sacerdos, et frater Jhocerandus, in thalamo Chantonaii[2].

67

Sciant omnes quod Aemarus *del Baltz* et Huedricus, frater ejus, et domina Willelma, mater eorum, dederunt Deo et domui Vallis omnia jura que habebant *in* quoddam curtile *a Biaoni*[3]. Testes sunt: frater Willelmus, sacerdos, qui donum accepit, frater Michael, preceptor Vallis, frater Petrus Mugnarius, Aymo *Raschal*, sacerdos, Bosona de l'Islata. Propter hoc donum, ex elemosinis Templi, VIII solidos [habuerunt].

68

Sciant omnes quod domina Flandina[4] dedit Deo et domui Templi Vallis quoddam curtile quod est Sancto-Aniano[5], — et Johannes *Culerers* tenet illud curtile —, et

---

[1] *Martongi*. Lieu dit situé entre Saint-Agnin et Bagneu (commune de Culin). Terrier, n° 4, fol. 129 v°, 15 mai 1526 « ... in territorio de *Martongy*, juxta iter tendens de Sancto-Agniano versus Bagniacum ex bisia, etc... ». *Ibid.* fol. 140 v°, même date: « ... in territorio de *Martongy*, de presenti appellato *Romanes*... ».

[2] *Chantonnaii. Chalonnay*, canton de Saint-Jean-de-Bournay. *In thalamo C.* A Chalonnay dans la grande salle. Cf. Cartulaire des Hospitaliers de Saint-Paul-de-Romans, ch. 35: « Izo fo fait *en la sala*, à San-Later... ».

[3] *Biaoni*. Bion, près de Bourgoin.

[4] *Flandina*. Mère de Bornon et de Siffroi de Bourgoin (ch. 75, 76).

[5] Saint-Agnin, canton de Saint-Jean-de-Bournay.

Girardum *Bonetz* et fratrem ejus, et quidquid juris habebat in curtile *Biaoni*[1], et quidquid habebat cum eis in terra Luisini, et xii denarios quos habebat *el Vernei*[2], sub Sancto Germano. Hoc donum laudaverunt filii ejus; laudaverunt et super sanctum Euvangelium sacramentaverunt. Fidejussores et testes sunt: Hugo *Maletz* et Willelmus Athenolfus. Testes sunt: Michael, preceptor, et frater Guigo, claviger, et frater Jhoannes *de Maissennas*[3], et frater Gauterius, et Jhoannes Viboudus, et Armandus, sacerdos, et Durandus Amaudricus, et *Frances*, et Ervisius Vallis.

(39)

Notum sit omnibus quod Hugo *Tivelz* et uxor ejus dederunt Deo et domui Templi quidquid habebant in *phedu*[4], quod est a domo *del Champeis*[5] usque ad molendinum Petri Pelavini. Hoc donum predictus Hugo et uxor ejus, et Berlio, filius ejus, et Margarita, filia ejus, et Alamanda, laudaverunt et sacramentaverunt in pace tenere, et sacramentavit Hugo quod nichil in *phedu* habebat, nisi ex Deo[6]. Hoc donum laudaverunt Huedricus *Eschot*, et Boso *de Morestel*[7]. Fidejussor est Huedricus Eschot. Hujus rei

[1] *Biaoni.* Bion, près de Bourgoin.

[2] *El Vernei.* La Verne, commune de Vaulx-Milieu.

[3] *Maisennas.* Messenas, commune de Saint-Marcel.

[4] *Quidquid habebant in phedu*, etc. Tout ce qu'ils possédaient dans le fief dont les limites sont indiquées. Par fief, il faut entendre très vraisemblablement un ensemble de terres données à cens à des tenanciers.

[5] *Champeis.* Du bas latin *campensis*, bâtard, enfant trouvé? Voy. Ducange à ce mot et cf. le vieux français *Champi* ou *Champil*.

[6] *Quod nichil in phedu*, etc. C'est-à-dire que les terres données au Temple étaient possédées par H. Tivelz *en alleu*.

[7] *Hoc donum laudaverunt*, etc. Voy. ces confirmations ci-après, ch. 70 et 71.

testes sunt: frater Michael, preceptor, frater Paschasius, frater Guichardus, Johannes Viboudus, capellanus, Aymo, capellanus *de Ruiffeu*[1], et Anselmus, capellanus infirmorum[2], et Rainaudus de Buxo, et Aymo, filius ejus, et Hugo, et Filiolus[3], et Jhoannes, et *Michielz* filius ejus, et Arnoudus *de Nevolas*. Igitur predictus Hugo, ex elemosinis Templi, xx solidos et i m. frumenti [habuit].

70

Sciant tam presentes quam posteri quod Boso *de Morestel*, et domina Aiglentina, dederunt Deo et domui Templi in elemosina quidquid habebat in *phedu*, quod est a domo *del Champeis* usque ad molendinum Petri Pelavini. Hoc donum sacramentaverunt in pace tenere et, de elemosinis Templi, xx solidos et i m. frumenti habuerunt. Hujus rei testes sunt: frater Michael, preceptor, frater Guichardus, Jhoannes Viboudus, capellanus, *Nelietz*, *Michielz* Mugnerius, et *Peronis de Geneveis* et *Na Bosona*[4]. Hoc donum fuit factum ante ostium domui Burgundi.

71

Notum sit omnibus quod Huedricus *Eschoz* dedit Deo et domui Templi quidquid habebat in phedu, quod est a domo *del Champeis* usque ad molendinum Petri Pelavini. Hoc do-

---

[1] *Ruiffeu*. Ruffieu, commune de Nivolas-Vermelle.

[2] *Capellanus infirmorum*. L'aumônier d'un hôpital.

[3] Je crois que le mot *Filiolus* est ici un nom d'homme et ne doit pas être interprété par *filleul* ou *neveu*. Cf. Terrier n° 1, fol. 11 v° (13 mai 1352) : « ... et cum terra Guillelmeti *Filioli*... » (Apud Jalhiacum).

[4] *Na Bosona*. Man. *Nobosona*. Si la correction que j'ai faite est légitime, on peut identifier *Na Bosona* avec *Bosona de l'Islata* (ch. 65, 67).

num laudaverunt uxor ejus et pueri ejus. Hoc sacramentaverunt in pace tenere et de elemosinis Templi xx et v solidos habuerunt et ii m. frumenti. Hujus rei testes sunt :
frater Michael, preceptor, frater Guichardus, frater Petrus
Mugnerius, *Nelyez*, capellanus Burgundii, Aymo, capellanus *de Ruifeu, Rostanz de Chasarges*[1], Petrus *Gabet*,
Michielz, Martinus *Raschaz*, Martinus *Vola*. Hoc fuit factum in domum molendini Templi.

72

Sciant tam presentes quam posteri quod Jhoannes
Ferget dedit, inter domum Templi et Bornonem *Bernut*,
quidquid habebat in molendino de ponte[2], preter xviii
denarios censuales sibi retinentibus (*sic*), et propter istud
donum habuit xl solidos. Hoc fuit factum [in] manu
Jhosfredi *d'Ectevo*[3]. Hujus rei testes sunt et fidejussores :
Aemarus *del Balz* et Huedricus, frater ejus, *Nelyetz*, et
Berlio, filius Suffredi, et Aymo *Follapes*, Willelmus *del
Ga*, Ugo de Sancto-Germano, Raynoudus de Tribus,
Melorez, Jachemez Viras, Siiboudus Costantinus, Andreas
Meisoners, Bartholomeus, filius *Martinam*, Berlio *del
Tornt*, Giroudus Faber, Martinus *Vola*, Jhoanes Viboudus,
capellanus.

---

[1] *Chasarge*. Cézargue, commune de Maubec.

[2] *De ponte*. Le Pont, commune de Villefontaine?

[3] *Jhosfredi d'Ectevo*. Le même nom est écrit plus loin *Jofredus
d'Atevo* (ch. 87). Le cartulaire lyonnais mentionne aussi un religieux
de la Chartreuse de Portes, dont le nom est écrit indifféremment
Stephanus d'Estevo et *Stephanus d'Atavo* (I, 75, 95; vers 1180 et
1194). Il s'agit dans ces différents cas d'une même localité, mais
qu'il est impossible de déterminer avec certitude.

73

Omnibus notifico quod domina Willelma *del Balz,* et filii
et filie ejus, dederunt Deo et domui Templi quidquid habebant in cursu aquarum molendini, quod fuit ex elemosina Petri *Bru* [1]. Hoc donum fecerunt juxta ecclesiam
sancti Jhoannis [2], omnibus missam audientibus, et super
sanctum euvangelium sacramentaverunt hanc elemosinam in pace tenere et custodire. Hujus rei fidejussores
sunt Borno et Suffredus. Testes sunt : Raynaudus de
Buxo, Aimo, filius ejus, Bernardus *Reestanz,* Jhoannes
Ciloas, et Hismido, frater ejus, et Acmarus *de Breiseu,*
Johsphredus *d'Ectero.* Huedricus *Eschot.* Boso *Gros,*
Jhoannes Viboudus, capellanus, frater Paschasius, frater
Richardus, dominus Aimo de Bucusello, frater Michielz,
qui tunc tempore preceptor erat. Hugo de Sancto-Germano, *Faitiz.*

74

Notum sit omnibus quod Borno *de Maneiseu* [3] querelam
quam domus Templi apud eum habebat, secundum suum
posse voluit emendare. Pro emendatione et redemptione
sue anime, dedit pratum albespini quod tenet Murisius et
debet xviii denarios censuales et i gallinam, et pratum
quod tenet domus Hospitalis [4] et debet vi denarios censuales. Hoc laudavit ipse Borno, et domina uxor ejus, et
pueri ejus, scilicet Rostannus, et Guigo, et Borno, et Berlio, et Ervisius, et Poncius, et Petrus, et filia ejus. Hoc ipse

[1] Voy. ch. 50.
[2] *Ecclesiam sancti Johannis.* L'église de Bourgoin.
[3] *Maneiseu.* Manicieu, commune de Saint-Priest.
[4] *Domus Hospitalis.* L'hôpital de la Verpillière.

Borno, et uxor ejus, et filii ejus, in manum sacerdotis sacramentaverunt. Hujus rei testes sunt : capellanus *de Falaver*, et Richardus, clericus ejus. et Jhoannes Viboudus, sacerdos, et Ugo *del Vernei*, et Guido *de Duiemo*, et *Michielz Jubelins*, Aymo Senex, Willelmus Matheus, Gauterius *de Chaniseu*[1] et Girardus *de Valz*. Hoc fuit confirmatum in die lune Pascho.

75

Notum sit omnibus quod Borno *de Bergon*, et frater ejus Sinfredus, et Flandina, mater eorum, laudaverunt et sacramento confirmaverunt donum quod Petrus *Bruns* fecit fratribus Templi de molendinis *de Burgon* et de omnibus aliis. Ex hoc dedit eis Anselmus, procurator domus, IIII libras, et predicte domine III solidos. Testes sunt : frater Petrus *d'Espina*, et frater Stephanus *Mulners*, Johannes *Isars*, Petrus Sancti-Germani, *Berlo de Roy*[2], Guido prepositus, Petrus *Gauters*. Anno Domini... (sic).

76

Notum sit omnibus quod Burno *de Bergon*, et frater ejus Sinfredus, et Flandina, mater eorum, laudaverunt et sacramento confirmaverunt donum, quod Petrus *Bruns* fecit fratribus Templi de molendinis *de Burgon* et de omnibus aliis. Ex hoc dedit eis A[n]selmus, procurator domus, IIII libras, et predicte domine III solidos. Hujus rei stestes sunt : frater Petrus *d'Espina*, et frater Stephanus *Muners*, Johannes *Ysarz*, P. de Sancto-Germano, *Berlo de*

---

[1] *Chaniseu*. Chanisieu, commune de **Courtenay**.
[2] *B. de Roy*. Ruy, canton de Bourgoin.

Roy, Gido prepositus, Petrus Gauterius, Anno Domini M° C° IIII°ʳ viginti et X ; mense actum *may*.

77

Notum sit omnibus quod Armannus *Lombars* dedit domui *de Valz*, pro sua suorumque salute, quidquid habet in vineis *de Domairin* et in terris, preter vineam quam tenet ad quartonem de predicta domo. Et Anselmus, procurator domus, dedit ei c solidos et vi *meiters* siliginis. De hoc juravit, et uxor, firmam pacem. Testes sunt : Barnardus *del Molar*, Pero *de Forches*, Johannes Albus, et frater Boso, et Petrus *Mulners*, et frater Gauterius, et Gigo *de Bainuelz*, et filius Barnardi *del Molar*, et frater Barnardus *de Tireu*.

78

Item, Petrus *Escofers* dedit fratribus Templi viii denarios quos habebat in vineam Petri *Pilais* juxta vineam *del Crucis*[1], et juramento confirmavit cum filiis, et fratres dederunt ei novem solidos. Testes sunt : Anselmus, preceptor, Stefphanus, sacerdos, Petrus *Mulners*, frater Boso, Gauterius, Mallenus.

79

Item, Oliverus dedit domui Templi omne jus quod habeba[t] in pratis *de Rua*, preter quandam partem de qua debet ii solidos in Penthecosten, et hoc juravit et fecit, annuente fratre suo, et inde habuit xviiii libras. Testes

---

[1] *Del Crueis.* La Cruys, commune de l'Isle-d'Abeau, près du *Ga*; lieu dit non porté sur le cadastre? Cf. le terrier n° 2 de Vaulx (1382), fol, 19, 19 v°: « ...nemus de Crueys... », « nemus del Crueys... ».

sunt : Anselmus, procurator domus, qui hoc fecit, Ervisius de Morianna[1], Boso, Petrus *Mulners*, Barnardus *de Tireu*, Stephanus Boso, Johannes Albus, *Malens*.

80

Domus Templi *de Vall* habet xiiii libras super Willelmum *del Buschet*[2] et fratres ejus, et super tenimentum eorum, et super medietatem nemoris *de Quincia*[3]. Hanc [ga]geriam[4] accepit Ervisius, preceptor *de Vallori*. Beneficium hujus gagerie dedit Aemarus *de Vall* domui Templi, pro anima sua et pro animabus suorum antecessorum, et tali conditione dedit quod nullam posset habere requisitionem erga domum Templi, de beneficio hujus gagerie. Hoc idem sacramento confirmavit. Fidejussores pacis sunt Seniorelus *de Rochi* et Girinus *de Breins*. Testis est frater Anselmus, tunc preceptor domus Templi *de Vall*, et Garinus *de Vall*, et Galterus, claviger, et Milo, capellanus, et Barnardus, clericus, et Willelmus, medicus *de la Balma*, et Guichardus, filius ejus, et Durannus, prepositus de Sancto-Germano.

81

Item, predicta domus Templi *de Vall* habet c solidos super medietatem prati *de Rua*. Pro, beneficium medie-

---

[1] *De Morianna*. Il y avait une commanderie du Temple à Saint-Jean-de-Maurienne.

[2] *Del Buschet*. Le Bouchet, commune de Roche. Il y a également un lieu dit du même nom sur Saint-Marcel-de-Belaccueil.

[3] *Nemoris de Quincia*. Quincias : petit plateau, à l'est de la combe de Bionne, situé en partie sur la commune de Roche, en partie sur celle de Four.

[4] *Gageriam*. Man. *geriam*. Cette charte met en évidence le sens du mot *gageria* tel qu'il a été défini plus haut (ch. 37).

tatis hujus prati dedit domui Templi, sine omni requisi-
tione, et sacramento confirmavit. Fidejussores pacis sunt
dominus Haimo et Aemarus *de Rumanesches* ; Anselmus
tunc preceptor est testis. et Garinus *de Vall.* et Galterus,
claviger, et Barnardus, clericus. et Petrus Galterus.

82

Item, Ademarus *de Valz* dedit fratribus Templi, pro
sua suorumque [salute]. totum quod possidebat ad
Quincia et hoc quod habet in pratis *de Rua,* annuénte
fratre suo, et sacramento confirmaverunt. Ex hoc habuit
quadraginta et ı libram. Steste[s] sunt fratres Templi.
Anselmus preceptor. Garinus *de Val[z].* Johannes Albus.
et Gauters, et Boso, Mallenus, Petrus *Mulners,* Barnardus
de Tireu. Hii omnes erant fratres Templi. Item, Sieboldus
de Maireu. Gigo *de Bainuelz,* Johannes *Bruns,* Villelmus
del Boschet[1]. Item, de facto Oliverii testes sunt : Audemarus *Malet,* Stephanus. sacerdos. Johannes levita *del
Boschet*[2]. Villelmus clericus *de Fors. Duranz,* prepositus[3],
Girars Bonez, Gigo *de Bainuelz.*

83

[Dedit] Petrus Bruns fratribus templi [quod] est sub
vineis *a Domairin* et super hoc quod ipse abebat in
vinea et in terra Barnardi *del Mular*[4].

---

[1] *Del Boschet.* Le Bouchet, commune de Roche.

[2] Man. Boscehl.

[3] *Duranz prepositus.* Cf. ch. 80 : Durannus prepositus de Sancto-
Germano.

[4] Cf. ch. 45. Les deux premières lignes de cette charte ont été
barrées ; mais il faut évidemment conserver quelques mots de la
première rédaction (placés ici entre crochets), si l'on veut avoir un
sens satisfaisant. Voici, au demeurant, tout ce qui peut encore se

84

Idem Armandus[1] dedit fratribus Templi hec omnia
supradicta que habebat a fratribus Templi[2], si contingat
eum non redire de partibus transmarinis et mori sine
herede. Hujus rei testes sunt : Johannes Albus, frater
Ado, frater Boso, Gu[i]chardus *Mareschot*, et *Servis de
Vila*[3], Umarus Faber, Willelmus *de Vall*, Forensis. Hoc
factum est tempore Anselmi, preceptoris *de Valz.*

85

Milo Arnaldi dimisit in custodia fratrum Templi *lus
Cristovilat.* Ob hoc debent dare domui Templi xii denarios singulis annis usque ad vi annos. Idem miles dedit
predictos fratres domui Templi, si contingat eum mori sine
herede.

86

Noverint universi, tam presentes quam futuri, quod
Rainaudus de Buxo et Aymo, frater ejus, dederunt Deo
et domui Templi Vallis Willelmum *Aullom.* Hoc donum
fecerunt et super sanctum euvangelium sacramentaverunt. Hujus rei testes sunt : frater Michael, preceptor,

lire malgré les ratures; les mots effacés sont imprimés en italique :
« *Filius Galterii Faranz habet gageriam V solidorum de Perun
Brun quam dedit* Petrus Bruns fratribus templi. *Fratres templi
habent totum quod Armandus Lumbars habebat in vineis a
Domairin et totum quod* est sub vineis et super hoc quod ipse abe-
bat in vinea et in terra Barnardi del Mular. »

[1] *Armandus.* A. Lumbardus. Voyez la note de la charte précédente.

[2] Que habebat a fratribus T. Voy. ch. 77.

[3] *Servis* = 'Ervis (*Ervisius*).

frater Gu[i]go, claviger, et frater Gauterius, Johannes Viboudus, et Ansellmus Pistor.

87

Pateat universis presentibus et futuris quod Boso *Berarz*, pro anima sua et anima fratris sui[1], qui defunctus erat, dedit in elemosinam domui Templi de Vallibus molendinum unum, quod suum erat, ad vadum *de Gelli*[2], et quicquid juris habebat in alio molendino in eodem loco, et quicquid habebat in riveria usque ad *pussor de Gelli*[3], et juravit, pro se et pro suis, quod predicta domus hanc elemosinam libere et quiete possideret. Hoc ipsum laudaverunt Aimarus *del Baz* et Oldricus, frater ejus, et domina *Guillame*, mater eorum, de quorum feodo erat elemosina, et juraverunt se nichil juris retinere preter xviii denarios censuales. Id ipsum laudaverunt et juraverunt Borne et Sefridus, frater ejus. Facta sunt hec tempore fratris Gillelmi *de Fai*, preceptoris. Isti sunt testes : Gillelmus, capellanus *de Fors*, frater Michael *Terrace*, frater Boso *Morellons*, frater Petrus *Monners*, frater Stephanus *de Borgoin*, Odricus *Garnier*, Jofredus *d'Atevo*, Ugo *del Til*[4], Ugo *Tives*[5], Helias, pre-

---

[1] *Fratris sui.* Peut-être le *Willelmus Berart* de la ch. 54 où est également mentionné *Boso Berrar*.

[2] *Ad vadum de Gelli.* Lieu dit d'une identification incertaine ; probablement *Jallieu*. La rivière dont il s'agit ici (*in riveria usque ad pussor de Gelli*) ne saurait être que la Bourbre.

[3] *Pussor de G.* Moulin à draps, à tan. Bas-latin : ** pulsatorium*.

[4] *Ugo del Til.* On trouve un *Desiderius de Tilio* et un *Willelmus de Thiel* dans le cartulaire des Ecouges (n°s 9, sans date, et 7, [1154]).

[5] *Ugo Tives.* Hugo Tivelt ou Tivelz (n°s 49, 69).

8

positus, Andreas *Cytuas*[1], Aimo, capellanus *de Borgoig,* Renoldus, clericus, Omarus *Gongai*, Bernardus *Restainz, Borne de Roi*[2], Bernardus *Chaz*, Martinus *Vole*, et alii plures.

88

Noverint universi tam presentes quam futuri quod Peronella et *Peronaz*, filius ejus, et *Amions*, cognatus eorum, dederunt in elemosinam domui Templi de Vallibus, pro anima Jofredi *d'Illate*, quicquid idem Jofredus habebat, aut de ipso tenebatur, de rivo *de Fonnas*[3] *en ça,* et sacramento confirmaverunt quod hanc elemosinam domui Templi pacificarent. Pro hac elemosina solvit domus Templi IIII libras, pro clamoribus ejusdem Jofredi pacificandis, et XL solidos Peronelle, sorori ejusdem Jofredi. Soror ejusdem, Maria scilicet, et Garinus, filius ejus, laudaverunt et juraverunt id ipsum. Factum est istud in presentia Gillelmi *de Fai*, preceptoris. Isti sunt testes: Michael *Terrace*, frater Bernardus, Petrus *Villans*, capellanus, Jofredus, capellanus, Petrus *de Quince*[4], capellanus. Rainerus et *Amions* promiserunt et obsides fuerunt quod, si clamores pro Jofredo surgerent, ipsi eas pacificarent.

[1] *Andreas Cytuas.* Voy. pour l'étymologie possible de ce nom, Devaux, *Essai*, etc., p. 185 et n. 2.

[2] *Roy.* Ruy.

[3] *De rivo de Fonnas. Fonnas* est Funas, commune de Jallieu. Quant au ruisseau dont il est ici question on ne le retrouve pas aisément aujourd'hui, à moins qu'il ne soit représenté par l'écoulement des eaux sorties de la combe de *la Casse.*

[4] *P. de Quince.* Quince pour *Quinceu*, probablement. On trouve dans le département de l'Isère un Quincieu sur la commune de Panossas, et deux Quincieux, l'un sur Genas, l'autre sur Chuzelle.

89

Notum sit presentibus et futuris quod Ugo *Malez*, et uxor fratris ejus, dederunt domui Templi de Vallibus quicquid Petrus *d'Illate* de ipsis tenebat, de rivo *de Bion en çà*. Pro hoc dono habuerunt xx solidos. Hujus rei testes sunt: frater Gillelmus *de Fai*, preceptor, frater E. *de Vallore*, frater B. *de Monfacon*[1] et Frater Michael, Aimo *de Bocesel*, Aimarus *de Brissei*, Aimarus *de Romanasche*.

90

Notum sit universis quod Gillelmus *Segnoraz* et Boso, frater ejus, et mater eorum, post multas injurias quas fecerunt Templo, pro pace reformanda et pro remedio animarum eorum, dederunt Templo in elemosinam quoddam curtile *ad Lace*[2], et pascua de Sancto-Boneto et *d'Estables*, et duos homines, Rufum et *Chardat*. Hoc laudaverunt et juraverunt pariter. Idem fecit Jacobus, frater eorumdem. Facta sunt ista coram fratre *G. de Fai*, preceptore. Testes sunt et obsides: Sefridus *Amaguins*[3], Gillelmus *Revoz*, Ugo *Segnoraz*[4], Gillelmus *Malez*, Oliverus de Vallibus. Testes sunt et frater B. *de Monfacon*, frater *Geroz de Chavanz*, frater Michael *Terrace*, *Boson Boverat*, *Guigon de Bagnoi*, Petrus *Monniers*, Antelmus *Messon*,

---

[1] *Monfacon*. Montfalcon, Isère, canton de Roybon.

[2] *Lace* pour *Laceu*. Lassieux, commune de Roche.

[3] *S. Amaguins*. Voy. cartul. de Bonnevaux, ch. 139 (1201): *Almaguins*.

[4] Man. *Ugo Segnoiaz*.

Pero Pol, Johannes *de la Chanal*[1]. Pro hoc facto habuerunt Boso et Gillelmus *Segnoraz*, fratres, vii libras et dimidiam, et mater eorum x solidos, et *Jacaz*[2] unam gonellam de iiii solidis.

91

Noverint universi quod Milo *Rigaz* et Gillelmus, frater ejus, dederunt Deo et Templo, pro sua suorumque amicorum animarum salute, terram quam habebant apud *Fustenas*, et sacrosancto Evangelio juraverunt hoc pacifice observare. Facta sunt hec tempore fratris Anselmi preceptoris. Testes sunt: frater *Guycharz des Arbrez*[5], frater Aimo *li Bergiers, Peron Monniers*, Galterus *de Bergoig*, Johannes Vibodus. Pro hac elemosina habuerunt v solidos.

92

Notum sit omnibus qui sunt et illis qui venient in domo

[1] *Joh. de la Chanal.* Nom d'un ancien lieu dit, situé à Belmont ou près de Belmont. Terrier n° 3, fol. 191 v° (20 fév. 1462) : « quoddam nemus castagnetum situm *en la chanal...* »

[2] *Jacaz.* C'est le *Jacobus* du début de la charte, le frère de *Gillelmus* et *Boso Segnoraz.*

[3] *Unam gonellam*, une robe. Une robe, donnée à l'enfant du donateur ou du vendeur, fait également partie du prix dans une charte du cartulaire des Hospitaliers de Saint-Paul-les-Romans, publiée par M. Ul. Chevalier (n° 44, sans date) : « ... e el done aquesta chosa à l'Ospital, et l'Ospitauz donet li viii sol. *et sos filz 'n ot I gonella* de x sol... »

[4] Man. Pro sua suorumque salute animarum amicorum.

[5] *Guycharz des Arbrez.* Les Abrets, canton du Pont-de-Beauvoisin. Il y avait une commanderie du Temple dans cette localité.

Templi quod Ugo *Bolat*[1] *de Cremeyu*[2] dedit et concessit, in domo Tenpli, Joannem, filium *Martini,* pro sui anima et pro animabus suis ancessoribus. De hoc habuit, de hominne, scilicet de Joanne, de concessu, LX solidos, de beneficio Tenpli, et hoc factum fuit tenpore de fratre Rigardo Valorie, qui illo tenpore precctor Tenpli erat. De hoc interfuerunt tesstes. scilicet fratrem Guigonem penulium de Vallibus[3], et fratrem Giraudum Bulboculum[4], et fratrem Petrum *Escofer, Bornons de l'Aloe*[5]*, de Cremeu,* qui de hoc v solidos habuit. Bertolomeus *de Masenazs,* qui habuit III solidos, et filium ejus minorem; item, *Ubers Escofers;* item Anselmus, capellanus; item clericum *Vermelle*[6]; item Aymo nepos penulii; item *Joant Vitozt.* Anno

[1] *Bolat.* Famille chevaleresque dont plusieurs membres sont connus. Omer Bollat (*Olmarus B.*) est un des témoins du testament d'Arbert II (1190) ; son fils Etienne figure dans un acte de 1224 (Guigue, *Cartulaire lyonnais*, I, 258-259). Enfin un Bollat, dont le prénom n'est pas indiqué, était le père de Foucher, prieur d'Artas (*Cartul. de Bonnevaux*, ch. 128, sans date). Voy. aussi dans le t. III de la *Collect. des cartul. dauph.* de M. Ul. Chevalier, la ch. 14 du cartul. des hospitaliers de Saint-Paul-les-Romans.

[2] *Cremeyu.* Peut-être *Cremeru* ou simplement *Cremeu.* Crémieu, arrondissement de la Tour-du-Pin, ch.-l. de canton.

[3] *Guigonem penulium de Vallibus.* Le *frater Guigo, claviger,* des chartes 62, 68 et 86. *Penulius,* forgé sur le latin *penus,* provisions de bouche, est ici synonyme de *cellerier.*

[4] *Giraudum Bulboculum. Bulboculum,* pour *Bubulcum,* bouvier, le bouvier. C'est le *frater Gaufridus Boverius,* le *Jofredus Boriers,* des chartes 57 et 60. Précisément, il y a sur le premier *u* de *Giraudum* un signe d'abréviation, que rien ne justifie, et qui n'est sans doute qu'un maladroit et incomplet essai de correction.

[5] *Bornons de l'Aloe de Cremeu.* Il y a eu à Crémieu une très ancienne famille *de la Loi,* qui a peut-être donné son nom à l'une des portes de la ville.

[6] *Vermelle.* Commune de Nivolas-Vermelle.

dominice incarnacionis M⁰CC⁰XXIII, indictione qui[n]de-
cima[1] exeunte januario[2]. Cartam istam Petrinus Gebennensis[3] composuit.

[1] *Indictione quindecima*. Le chiffre de l'indiction ne concorde pas
avec le millésime de l'année 1223, ou plutôt 1224, le scribe ayant dû
suivre le style de l'Incarnation, seul usité dans le diocèse de Vienne.

[2] *Exeunte januario*. Il manque un chiffre pour déterminer le
quantième du mois. Entre *exeunte* et *januario,* on remarque un
sigle d'une lecture douteuse : *scilicet, id est?*

[3] *Petrinus.* Cf. *Petrus Gebennensis* (ch. 62) et *Peronis de Geneveis*
(ch. 70).

APPENDICE

I.

COMMANDEURS DE VAULX.

Templiers.

Olivier de Vaulx.
Pierre de la Côte.
Anselme (1190).
Michel.
Guillaume de Fai.
· Richard de Valloire, (1223 ou 1224).

Hospitaliers.

1350 (1351 ?).	—	Humbert de Saint-Symphorien.
1352.	—	Albert de Solignat.
1363-1370.	—	Raymond de Villeneuve.
1383-1402.	—	Lusson de Vallin.
1436.	—	Guillaume de Lastic.
1460-1476.	—	Audebert de Murinais.
1479.	—	Guillaume Pons.
1509.	—	Gui de Blanchefort.
1516.	—	Guillaume le Groing ou de Ville-Bouche.
1542.	—	Antoine de Grolée.
1551-1557.	—	Antoine de Chalus.
1557-1605.	—	Annet de Virat.

1610.	—	Désiré Chevrier.
1614-1619.	—	Pierre de Saconay.
1618.	—	Just Bron de la Liègue.
1646-1656.	—	Charles de Montagnat de la Cousture.
1661.	—	Pierre du Mont de la Lande.
1674-1679.	—	René de la Maison-Seule.
1689-1702.	—	Adrien de la Poype-Serrières.
1729-1742.	—	Henri de la Porte de Bocsozel.
1770-1790.	—	François-Aimé d'Ussel de Chateauvert.

II

Vienne, mars 1251 [1].

Donation par Alice de Baux, veuve d'Étienne de « Saint-Treu », sœur de feu Aimar de Baux, seigneur de Bourgoin, à son neveu Aimar de Baux, de tout ce qui peut et pourra lui revenir de l'héritage de son père et de ses frères et sœurs, à Bourgoin et dans son mandement.

(Arch. départ. de Vaucluse. Fonds de la principauté d'Orange. Liasse 16) [2].

Notum sit omnibus presentibus et futuris quod ego Alays de Baucio, relicta Stephani de Saint Treu, soror quondam

---

[1] Ou plutôt 1252, si la charte est antérieure au 25 mars.

[2] Cette charte provient, en réalité, de la Chambre des Comptes de Grenoble, et n'était pas conservée originairement dans le fonds de la principauté d'Orange. Voici comment on peut expliquer son classement actuel. Les archives de la principauté d'Orange furent transférées à Grenoble, en 1734, à la suite d'un traité conclu le 23 avril 1731 entre les commissaires du roi et la princesse de Conti, pour la cession de la principauté au roi moyennant une rente de 80,000 livres. En 1819, à la requête du préfet de Vaucluse, M. Guizot, alors directeur général de l'Administration communale

Ademari de Baucio, domini de Bergon, Viennensis diocesis, non decepta, non circumventa, non dolo inducta, spontanea voluntate, tibi Ademaro de Baucio, clerico Viennensi, filio supradicti Ademari, fratris mei, mera, simplici et irrevocabili donacione inter vivos, do et ex causa donacionis cedo et concedo imperpetuum qu[icquid] juris et requisicionis habeo et habere possum et debeo, nunc et imposterum, michique competit seu potest competere et videtur, jure successionis patris mei et fratrum, sororumque meorum, et jure cujuslibet alterius successionis, et jure dominii|utilis et directi, et alia quacumque causa et

et départementale au ministère de l'Intérieur, d'accord avec le Garde des Sceaux, autorisa la remise aux archives de Vaucluse des registres et titres de la principauté d'Orange, déposés depuis un siècle au palais de justice de Grenoble. Le triage fut fait sommairement. Un grand nombre de documents concernant Orange restèrent à Grenoble (A. Prudhomme, *Introduction* (encore manuscrite) *à l'inventaire des titres de la principauté d'Orange conservés aux archives de l'Isère*).

Quelques documents intéressant le Dauphiné ont dû, par erreur, être restitués aux archives départementales de Vaucluse. Tel est bien certainement le cas de l'acte de 1251, publié ici pour la première fois. Il porte au dos le visa de *Guy Allard* et *une courte analyse de la même main*:

  « Passé
  « Bourgoin Viennois.

« Donnation faitte au mois de mars 1251 par dame Alice de Baux, veuve de Estienne de Saint-Treu, a noble Adhemar de Baux son neveu, de toutz les droits qu'elle avoit par succession paternelle ou autrement au chateau et mandement de Bourgoin au diocèse de Vienne, soit jurisdiction, censes, services, prés, terres, vignes et autres biens et droits, etc. ».

Par conséquent, la charte d'Alice de Baux se trouvait déjà aux archives de la Chambre des Comptes de Grenoble dans les vingt ou trente dernières années du XVIIe siècle, bien avant le transfert de 1734. C'est en 1819 qu'elle a été versée pour la première fois, et indûment, dans le fonds de la principauté d'Orange.

qualibet ratione, in castro et mandamento de Bergon, Viennensis diocesis, et nominatim in terris cultis et incultis, pratis, vineis, nemoribus, censibus, serviciis, hominibus, feudis, dominiis, bannis, justiciis, leidis et aliis juribus et usagiis infra predicta castrum seu villam et mandamentum de Bergon existentibus, et ad me quoquo modo spectantibus universis, nichil michi retinens in eisdem, sed in te totaliter transferens supradicta, et de hiis me devestiens, te de eisdem investio, ut est moris, cedendo tibi Ademaro supradicto, nepoti meo, ex causa hujusmodi donacionis, omnes acciones reales et personales, utiles et directas seu mixtas, que mihi racione supradictorum omnium et singulorum competunt et possunt competere undecumque, renuncians in hoc facto doli et in factum actioni et exceptioni, et juri immensas donaciones reprobanti, et omni alii juri, defensioni, auxilio et beneficio competenti et competituro, que michi contra te supradictum Ademarum possent competere et prodesse. Et ne quis insinuacionem, que circa donaciones hujusmodi de jure requiritur, obmissam fuisse calumpniari posset imposterum, nos Johannes, Dei miseratione Sancte Viennensis ecclesie vocatus archiepiscopus, rogatu et precibus supradictorum Alasye et Ademari, nepotis ejus, predicta donacione coram nobis, ut fieri debuit, insinuata, hec in scriptis redacta sunt, nobis jubentibus auctoritatem prestantibus et sigilli nostri munimine roborata. Actum Vienne, mense martio, anno Domini M⁰ CC⁰ quinquagesimo primo. »

(Le sceau manque : il était appendu par des lacs de soie blanche et rouge).

TABLE

DES NOMS DE PERSONNES ET DES NOMS DE LIEUX [1]

[1] Les chiffres placés en regard de chaque nom renvoient aux chartes et non aux pages du cartulaire.

dus, Johsphredus d'Ectevo, 72, 73, 87.

Atenulfus, Athenolfus (Willelmus). Voy. Willelmus.

Audemars Malez. Voy. Aemarus, filius domine de S° Boneto.

Audemarus de Romanesches. Voy. Aemarus de Romanesches.

Audemarus de Dentaiseu. Voy. Aemarus de D.

Audemarus Malet. Voy. Aemarus, filius domine de S° Boneto.

Audemarus Senorel. Voy. Ademarus Senioretus.

Audo. Voy. Ado.

Aullom, Aullons (Willelmus). Voy. Willelmus.

Aymars S¹ Boneti. Voy. Aemarus, filius domine de S° Boneto.

Aymo, capellanus de Ruifeu, 69, 71.

Aymo, capellanus Templi, 58.

Aymo de Bocosel. Voy. Aimo de Bocesel.

Aymo, filius Rainaudi de Bois, filius Rainaudi de Buxo. Voy. Aimo, filius Raynaudi de Buxo.

Aymo, frater Rainaudi de Buxo, 86.

Aymo Folapes, Follapes (Haimo Follape), 15, 39, 72.

Aymo, nepos penulii (id est cellerarii Templi Vallium), 92.

Aymo Raschat, sacerdos, 67.

Aymo senex, 74.

B. (frater) de Montfacon, 89, 90.

Bagnoi, Bagnuel, Bagnuell, Bainnuell, Bainnelz, Bainus, 2, 21, 29, 39, 55, 56, 57, 77, 89, 90. Bagneux, commune de Culin, arrondissement de Vienne, canton de Saint-Jean-de-Bournay.

Bagnoi (Guigon de). Voy. Guigon.

Bagnuel = Bagnoi.

Bagnuell = Bagnoi.

Bainnuell = Bagnoi.

Bainnelz (Gigo de). Voy. Gigo.

Bainus (Guido de). Voy. Guido.

Balma, 80. Voy. Willelmus de la B.

La Balme, arrondissement de la Tour-du-Pin, canton de Crémieu.

Bals (Ball, Ballz, Balz, Baz), 45, 50, 67, 72, 73, 87. Voy. Aemarus, Guido, Guillame.

Bals (Guido dels). Voy. Guido.

Ball (Willelma dels). Voy. Guillame.

Ballz (Aemarus del). Voy. Aemarus.

Balz (Aemarus del). Voy. Aemarus.

Balz (Willelma del). Voy. Guillame.

Barnardus Calerius, 46.

Barnardus, clericus, 46, 51, 52, 80, 81.

Barnardus (frater) de Tireu, 77, 79, 82.

Barnardus del Molar, del Mular, (Barnardus Molentinarius), 26, 45, 46, 77, 83.

Barnardus Paniers, 60.

Barnardus Porierius, 46.

Bartholomeus, filius Martinam, 72.

Bauzans (Aimo). Voy. Aimo.

Baz (Aimarus del). Voy. Aemarus.

Begna (rivus de), 63. — Le ruisseau de Bionne, communes de Four et de Roche, arrondissement de Vienne, canton de la Verpillière. Voy. *Belna.*

Belirisum, 34, 39. — Beauvoir-de-Marc, arrondissement de Vienne, canton de Saint-Jean-de-Bournay.

Bellot. filia Petri Lagerii, 28.

Bellus Mons, 10, 14, 48, 55. — Belmont, commune de Vaulx-Milieu, arrondissem¹ de Vienne, canton de la Verpillière.

Belna, 6. — La combe de Bionne, commune de Roche, arrondissement de Vienne, canton de la Verpillière. Voy. *Begna.*

Benedictus, capellanus, 34.

Berardi (Berlio). Voy. Berlio.

Berardi, Berart (Willelmus), 50, 54.

Berardus Andreas (Andree), 32, 36, 39.

Berardus, Berarz, Berrar (Boso), 54, 61, 87.

Berart (Willelmus). Voy. Berardi (Willelmus).

Berarz (Boso). Voy. Berardus (Boso).

Berbier (Johannes). Voy. Johannes.

Bergiers (Aimo, Aimo li). Voy. Aimo.

Bergiers (Stephanus li). Voy. Stephanus.

Bergoig (Bergon, Bergun, Borgoig, Borgoin, Burgon, Burgundium), 46, 50, 54, 75, 76, 87, 91. Voy. Aimo, Borno, Galterus, Stephanus. — Bourgoin, arrondissement de la Tour-du-Pin, chef-lieu de canton.

Bergoig (Galterus de). Voy. Galterus.

Bergon (Aimo de), 54.

Borno de Bergon. Voy. Borno.

Bergun = Bergoig.

Berlio Berardi, 46.

Berlio de Illin, 30.

Berlio, filius Bornonis de Maneiseu, 74.

Berlio, filius Hugonis Tivelz, 69.

Berlio, filius Suffredi, 72.

Berlio del Tornt, 72.

Berlio Garnerius, 66.

Berlo de Roy, 75, 76.

Berlo Senoret, 63.

Bernardus Pellaz, 57.

Bernardus Agnolie, 60.

Bernardus Chaz, 87.

Bernardus Faber, 23, 37.

Bernardus (frater), 59, 88.

Bernardus Martini, 39.

Bernardus Mestralz, 65.

Bernardus Paniers, 60.

Bernardus Reestanz, — Restainz, 73, 87.

Bernerius, nepos Morardi de Sᵉ Johanne, 35.

Bernut (Boso). Voy. Boso.

Berrar (Boso). Voy. Berardus (Boso).

Bertolomeus de Masenaz, 92.

Bertranc, 63.

Bertranc de Sᵉ Chomont, 62.

Biaoni (Biaun), 39, 46, 67, 68. —

Bion, commune de Bourgoin, arrondissement de la Tour-du-Pin.

Biniot (Li), 45.

Bion (rivus de), 89. — Le ruisseau de Bion qui passe à Bourgoin.

Blanc (frater Johannes), 48.

Blesenc..en (Terra de), 55. — Ancien lieu dit de la commune de l'Isle-d'Abeau.

Bocesel (Bocosel, Bocosellum, Bocsosel, Bozosellum, Bucusellum), 15, 31, 42, 47, 61, 89. Voy. Aemarus, Aimo, Genesius. — Bocsozel : commune du Mottier, canton de la Côte-Saint-André.

Bocesel (Aimo, Aymo de). Voy. Aimo.

Bochuz (Petrus). Voy. Petrus.

Bocosel (Genisius de). Voy. Genesius

Bocosello (Genesius de). Voy. Genesius.

Bocsosel (Aimo de). Voy. Aimo.

Bois (Rainaudus de). Voy. Rainaldus.

Boison (Petrus). Voy. Petrus.

Bolattus, frater Guillelmi de Falaverio, 32.

Bonafilia(?), 8.

Bonafilia, uxor Petri Rovoiri, 16.

Bonet de Valt, 46.

Bonetz (Girardus) Voy. Girardus.

Bonez (Girars). Voy. Girardus.

Boniot, 46.

Bonivini (Martinus). Voy. Martinus.

Bonivini (Romanus). Voy. Romanus.

Borbon (Johannes de). Voy. Johannes.

Borgoig. Voy. *Bergoig.*

Borgoin. Voy. *Bergoig.*

Borne de Roi, 87.

Borne, frater Bosonis Berarz, 87

Borno, 73.

Borno Bernut, 72.

Borno de Bergon, 75, 76.

Borno de Maneiseu, 74.

Borno, filius Bornonis de Maneiseu, 74.

Borno Maletz, 63.

Bornonenchi, 39.
Bornons de l'Aloe, 92.
Boschet, Buschet (Gillelmus, Villelmus, Willelmus del), 60, 80, 82; — (Johannes levita del), 92.
Boschet (Buschet), 60, 80, 82, 92. Voy. Gillelmus, Johannes.
Boso, 15, 82.
Boso Baudrais, 46.
Boso Berardus (Berarz, Berrar), 54, 61, 66, 67.
Boso Boirons, 64.
Boso Boverat, 90.
Boso d'Espinée, 29.
Boso de Monteballer, 39.
Boso de Morestel, 69, 70.
Boso de Villa, 46.
Boso Durannus de Paunas, 30.
Boso, filius domine de Sᵒ Boneto (Boso Malet), 10, 63.
Boso, frater Templi, 46, 51, 54, 55, 56, 57, 77, 78, 79, 84, 87.
Boso, frater Gillelmi Segnoraz, 90.
Boso frater Alamandi Mestrals, 45.
Boso Malet. Voy. Boso filius domine de Sᵒ Boneto.
Boso Morlons (Morellons), 60, 63, 64.
Boso Pistor, 46.
Boso Rufus, 46.
Boso Segnoraz, 90.
Boso Stephanus, 79.
Boso Tacon, 60.
Boson Boverat, 90.
Bosona de l'Islata, 65.
Bourgoin. Voy. *Bergoig.*
Boverat. Voy. Boson, 90.
Boxeiri (La), 26.
Bozosellum. Voy. *Bocesel.*
Breens (Breins, Bren, Brens), 17, 36, 51, 55, 59, 62. Voy. Gillelmus, Girinus, Ponlius, Umbertus. — Saint-Hilaire-de-Brens, arrondissement de la Tour-du-Pin, canton de Crémieu.
Breiseu (Brissei), 35, 36, 73, 89. Voy. Aemarus, Petrus. — Bressieux, canton de Saint-Etienne-de-Saint-Geoire, arrondissement de Saint-Marcellin.
Broci (Hugo de la). Voy. Hugo.

Bru (Brun, Bruns, Brus). Voy. Johannes, Petrus.
Brun d'Illat, 50.
Brunicardus, 3.
Bruns. Voy. Bru.
Brus. Voy. Bru.
Brutinens, 20.
Bucusellum. Voy. *Bocesel.*
Burgon. Voy. *Bergoig.*
Burgundium. Voy. *Bergoig.*
Burnai, 35. Voy. Droco. — Saint-Jean-de-Bournay, arrondissement de Vienne, chef-lieu de canton.
Buschel. Voy. *Boschet.*
Bux (Buxum). Voy. Rainaldus, Stephanus.

Calerius (Barnardus). Voy. Barnardus.
Callat (uxor), filia Euvardi, 64.
Campis (Poncius de). Voy. Poncius.
Caraus (terra de), 57.
Casanora (Chesanora, Gesanora), 9, 28, 40. Voy. Ugo Senioretus. — Chèze-Neuve, canton de la Verpillière, arrondissement de Vienne.
Cerloa (Antelmus). Voy. Antelmus.
Chaceu (Chacin, Chacins). Voy. Rostannus, Ugo de —, 2, 6, 31, 40, 43, 44, 47. — Chassieu, canton de Meyzieu, arrondissement de Vienne.
Chais (Durandus). Voy. Durandus.
Chalaisinum, 62. — Saint-Just-Chaleyssin, canton d'Heyrieu, arrondissement de Vienne.
Champeis (domus del), 69, 70, 71.
Chanal (Johannes de la). Voy. Johannes.
Chaniseu, 74. — Chanisieu, commune de Courtenay, canton de Morestel, arrondissement de la Tour-du-Pin.
Chantonnaium (Chatonnai), 66.
Chatonnay, canton de Saint-Jean-de-Bournay, arrondissement de Vienne.
Charantunai, 34. — Charantonnay, canton d'Heyrieu, arrondissement de Vienne.

Ervisius de Valloiri (frater). Voy. Ervis.

Ervisius, filius Bornonis de Maneiseu, 74.

Ervisius, preceptor de Vallori. Voy. Ervis.

Ervisius Vallis, 68.

Eschot. Voy. Hucdricus, Petrus, Uldricus.

Escofer (Escofers). Voy. Petrus, Ubers.

Esgratz. Voy. Rostanus.

Esjamperius. Voy. Petrus.

Esmeras. Voy. Cristinus.

Espina. Voy. Petrus.

Espinee. Voy. Boso.

Espinei. Voy. Jhoannes.

Espines (en les), 29.

Estables (campus d'—, pascua de —, terra d'—), 38, 51, 90. — Trables ou les Trables. lieu dit de la commune de Roche.

Euvardus, 64.

Faber. Voy. Bernardus, Girardus, Girondus, Rostannus, Petrus, Umarus.

Fai. Voy. Gillelmus de —.

Failiz, 73.

Falarerium (Fallarer), 32, 43, 44, 62, 74. Voy. Antelmus, Guillelmus, Petrus. — Fallavier, commune de Saint-Quentin-Fallavier, canton de la Verpillière, arrondissement de Vienne.

Falca, uxor Bosonis Boirons, 64.

Falconis. Voy. Gillelmus.

Faleva, soror Willelmi et Uldrici dels Balt, 50.

Fallarer. Voy. *Falarerium.*

Faracons, 62.

Fexget. Voy. Jhoannes.

Flamencs (le). Voy. Ademarus Loarencus —

Flamens. Voy. Arbertus.

Flandina, 68; —, mater Bornonis et Sinfredi de Bergon, 75, 76.

Folapes (Follape, l'Ollapes). Voy. Aymo.

Fonnas (rivus de), 88. — Funas, commune de Jallieu, canton de Bourgoin.

Forches. Voy. Pero.

Foreis (Forensis, Forois), 46, 60, 84.

Forensis. Voy. Foreis.

Forois. Voy. Foreis.

Fors (Furn. Furnum, Furns), 11, 23, 37, 40, 47, 60, 82, 87. Voy. Gillelmus, Rainarnus, Villelmus. — Four; canton de la Verpillière, arrondissement de Vienne.

Franceis (Li). 39.

Frances, 63, 68.

Francigena, 4.

Fulcherius. Voy. Gaufridus.

Furn. Voy. *Fors.*

Furnum. Voy. *Fors.*

Furs. Voy. *Fors.*

Fustenas (Fustinas), 2, 91. — Futinas, lieu dit de la commune de Vaulx-Milieu.

G. (frater), claviger, 38, = Galterus, claviger; Guigo, claviger.

G., frater Aymari Si Boneti, 38 = Gillelmus Malet = Gillelmus, Willelmus Maletz.

Ga. Voy. Willelmus *del* —.

Gabet. Voy. Petrus.

Gafuers. Voy. Petrus.

Galterius, filius uxoris Ugonis de Lai, 41.

Galterius Malet (Gauterius M.); — de Sto Bonito. 5, 6, 43, 47, 48.

Galterius de Quincenas, 47.

Galterius Senioreti, 31.

Galters. Voy. Petrus.

Galterus, claviger (frater G., claviger), 52, 80, 81.

Galterus de Bergoig, 91.

Galterus de Culino, 45.

Galterus, frater Giraudi, 60.

Galterus, frater Otgeri Arbolt, 49.

Galterus (Petrus). Voy. Petrus.

Galterus Tivelt (Gauterius Thivelt), 14, 50.

Garin de Valt (Garinus de Vallibus, de Valt, de Valz; Guarinus de Valle, de Vallibus), 3, 6, 7, 8, 9, 13, 17, 21, 22, 24, 32, 33, 36, 38, 42, 43, 46, 48, 51, 52, 80, 81, 82.

Garinus de Vallibus, de Valt, de Valz = Garin de Valt.

Garinus, filius Marie, sororis Jofredi d'Illate, 88.

Illata, Islata (*l'*) = *Lielate,* 13, 17, 22, 46, 48, 49, 50, 53, 54, 57, 65, 67, 88, 89. Voy. Andreas, Antelmus, Bosona, Gaufridus, Hugo, Petrus de l'—. L'Ilate : communes de Saint-Quentin-Fallavier et de la Verpillière.

Illin, 30. — Illins, commune de Luzinay, canton nord de Vienne.

Insula (*l'Isla*), 36, 53, 65. — L'Isle-d'Abeau, canton de la Verpillière, arrondissement de de Vienne. Voy. Mairinus, Rostangnus, Vifredus.

Isardi, Isardus. Voy. Johannes, Petrus.

Isars, 75.

Isla (*l'*). Voy Insula.

Islata (*l'*). Voy. *Illata* (*l'*).

Jacaz, 90.

Jacelmus (Jacellmus) de Morestello, 25.

Jacerannus, sacerdos, 40.

Jachemez Viras, 72.

Jaravonz. Voy. Johannes.

Jauna (*Jonas*), 17, 24, 40. — Genas, canton de Meyzieu, arrondissement de Vienne.

Jetafors (Durannus). Voy. Durannus.

Jetafors, frater Duranni clerici, 28.

Jetafors (Laurencius). Voy. Laurencius.

Jhoannes, 69.

Jhoannes Citoas, 73.

Jhoannes Culerers, 68.

Jhoannes d'Espinei, 66.

Jhoannes de Maisenas (Johannes de Masonas, frater Johannes de Maisennai), 56, 58, 59, 68.

Jhoannes Fexget, 72.

Jhoannes Mugnarius, 62.

Jhoannes Robondus, 66.

Jhoannes Viboudus, capellanus (Johannes Vibodus, Viboudus, Vibounz), 62, 63, 68, 69, 70, 72, 73, 74, 86, 91.

Jhocerandus (frater), 66.

Jhosfredus d'Ectevo (Johsfredus d' —, Jofredus d'Atevo), 72, 73, 87.

Joannes, filius Martini, 92.

Joannes Gilabers, 39.

Joant Vitozt, 92.

Jofredus Boviers. Voy. Gaufridus Boverius.

Johannes Albus, frater Templi (frater Johannes Blanc), 2, 3, 7, 8, 9, 13, 17, 35, 36, 46, 48, 55, 56, 57, 58, 59, 77, 79, 82, 84.

Johannes Berbier (Berbiers), 39.

Johannes Blanc. Voy. Johannes Albus.

Johannes Bruns (Brus), 39, 82.

Johannes de Borbon, 46.

Johannes de la Chanal, 90.

Johannes de Lagina, 57.

Johannes de Masonas, 56, 58, 59. Voyez Jhoannes de Maisennas.

Johannes de Maisennas = Johannes de Masonas.

Johannes de Molar, 39.

Johannes de Nivulas (Johannes Nivolas), 52, 60.

Johannes de Vernosclu (Vernusclu), 28.

Johannes de Via, 62.

Johannes Isardi (Isardus, Isars, Ysardi, Ysarz), 19, 36, 43, 46, 48, 49, 50, 53, 54, 75, 76.

Johannes Jaravonz, 55.

Johannes La Riva, 30.

Johannes, levita del Boschet, 92.

Johannes Nivolas = Johannes de Nivulas.

Johannes, sacerdos, nepos (?) Petri de S° Johanne, 35.

Johannes Vibodus, Viboudus, Vibounz = Jhoannes Vibodus.

Johannes Vireus, 43.

Johannes Ysardi = Johannes Isardi.

Johsfredus d'Ectevo. Voy. Jhosfredus.

Jonas = *Jauna.*

Jordani, Jordans (Guigo), frater Templi. Voy. Guigo.

Jordans Mulnerius (Jordanus Molentinarius), 45, 46.

Jordanus, filius Gillelmi de Nerie, 60.

Jordanus Molentinarius = Jordans Mulnerius.

Jubelins. Voy. Michielz.

Jurnals. Voy. Alardus.

Labra. Voy. Crestianus, Gillelmus.
Lace (*Laceu*), 47, 63, 90. — Lassieux, commune de Roche, canton de la Verpillière. —Voy. Andreas de Laceu.
Lagerii = Lagiers (Petrus). Voy. Petrus.
Lagina, Voy. Johannes.
Lai, 62, 63, 64. Voy. Petrus de **Lai.**
Landré Painel, 60.
Lare. Voy. Guigo.
Larit, 44.— Commune de Culin, canton de Saint-Jean-de-Bournay, arrondissement de Vienne.
Lariva. Voy. Johannes.
Laurencius, frater Duranni clerici, 28.
Laurencius, frater Stephani Salavin, 53.
Laurencius Jetafors, 50.
Leens. 66. — Le Lemps, commune de Four? — Voy. Wilfredus.
Leicheres (*les*), 36.
Lielate = *Illata* (*l'*). Voy. Petrus de —.
Loarencus. Voy. Ademarus, Petrus.
Lombars, Lombarz, Lumbardi, Lumbardus, Lumbuardus Voy. Armandus Lumbuardus.
Luisini (*terra*), 68.
Lungurua, 39
Lupus. Voy. Hugo.

Macibo, 40.
Macibos. Voy. Guilelmus.
Mainerius, 39.
Maireu (*Mareu*). Voy. Aimarus, Sieboldus. — Meyrié, canton de la Verpillière ou Meyrieu, canton de St-Jean-de-Bournay.
Mairinus de Insula, 65.
Maisennai, (*Maisennas, Masenazs, Masseinas, Masonas*) 20, 39, 56, 58, 59. Voy. Guillelmus de —, Johannes de —. Messenas, commune de Saint-Marcel-de-Belaccueil, canton de Bourgoin.

Maiseu (*Maseu*) Voy. Petrus de —. Meyzieu, arrondissement de Vienne, chef-lieu de canton.
Malenus (Mallains, Mallens, Mallenus), 56, 60, 78, 79, 82.
Malet (Maleti, **Maletz,** Malez, Malezt). Voy. Aimarus, Arbertus, Audemars, Audemarus, Borno, Boso, Galterius, Gauterius, Gillelmus, Hugo, Ugo, Willelmus.
Mallains, Mallens, Mallenus, Voy. Malenus.
Maneiseu. Voy. Borno. — Manicieu, commune de Saint-Priest, canton de Saint-Symphorien.
Marans. Voy. Martinus.
Mareschot (Marescot, Marescoz). Voy. Guichardus.
Marescot de Villa, 22.
Mareu. Voy. *Maireu.*
Margarita, filia Hugonis Tivelz, 69.
Maria, soror (?) Joffredi d'Illate, 88.
Marigler. Voy. Duranz.
Marta, 33.
Martinam. Voy. Bartolomeus.
Martungi. Voy. Boso. — Ancien lieu dit, sur Culin.
Martini. Voy. Bernardus, Johannes.
Martinus Bonivini, 23.
Martinus, capellanus de Crachies, 46.
Martinus de la Rovori, — filius P. Rovoiri, 16, 46.
Martinus, filius Rostanni Fabri, 23.
Martinus (frater), 35.
Martinus Marans, 56.
Martinus Raschaz, 71.
Martinus Vola (Vole), 45, 54, 57, 71, 72, 87.
Mascherelus. Voy. Gotafredus.
Masenazs, Masseinas. Voy. *Maisennai.*
Maseu. Voy. *Maiseu.*
Masonas. Voy. *Maisennai.*
Matheus. Voy. Willelmus.
Meisoner, 63.
Meisoners. Voy. Andreas.
Melorez, 72.

Melorez. Voy. Garnerius.

Messon. Voy. Antelmus.

Mestrals (Mistralis). Voy. Armandus, Bernardus.

Michael (frater). = Michielz, preceptor Templi Vallium, 61, 62, 63, 67, 69, 70, 71, 73, 86, 89.

Michael Terrace (frater), 54, 61, 62, 63, 65, 87, 88, 90.

Michalet li Cordiers, 54.

Michielz, 71.

Michielz, filius Johannis, 69.

Michielz Jubelins, 74.

Michielz Mugnerius, 70.

Michielz, preceptor Templi de Valt. Voy. Michael.

Milleu (el mas du), 42. — Milieu, commune de Vaulx-Milieu, canton de la Verpillière.

Milo. Voyez Arnaldi.

Milo, capellanus Templi, 36, 46, 51, 80.

Milo, frater Petri Brun, 46.

Milo Rigaz, 91.

*Miribel.*Voy. Humbertus.— Miribel (Ain), canton de Montluel.

Misat. Voy. Guaterus.

Mistralis. Voy. Mestrals.

Molar (Mular). Voy. Barnardus del —

Molendinarius (Molentinarius , Monerius, Moniers, Monners, Monniers. Mugnarius. Mugnerius, Mulnerius, Mulners). Voy. Jordannus, Peron, Petrus, Rainardus, Stephanus.

Molentinarius. Voy. Barnardus.

Monerius. Voy. Petrus.

Montfacon. Voy. B. de —.

Monniers. Voy. Petrus.

Monniers. Voy. Peron, Petrus.

Montballer (Monteballer). Voy. Boso, Radulfus.— Montbailly, commune de Vaulx-Milieu, canton de la Verpillière.

Montcuc. Voy. Guichardus. — Montcul, commune de Colombier-et-Saugnieu canton de la Verpillière.

Monteluel. Voy. Antelmus. — Montluel : Ain, chef-lieu de canton.

Morardus de Saint-Johanne-de-Burnay, 35.

Morellons (Morlons). **Voy. Boso,** 60, 63, 64, 87.

Morestel (Morestellum), **Voy.** Boso, Jacelmus, 25, 69, 70. — Morestel, arrondissement de La Tour-du-Pin, chef-lieu de canton.

Moriana. Voy. Ervisius.

Morlons. Voy. Morellons.

Mornas (Murnas), 3, 7, 8, 9, 20, 24, 32 — Lieu dit ; commune de Villefontaine, canton de la Verpillière.

Mosas (Domina de), 54. Voy. Ugo. — Mozas, commune de Jallieu, canton de Bourgoin.

Mota. Voy. Willelmus.

Mugnarius. Voy. Petrus.

Mugnerius. Voy. Petrus, Michielz.

Mular. Voy. *Molar.*

Mulnerius. Voy. Jordans.

Mulners. Voy. Petrus, Stephanus.

Murisius, 74.

Murnas. Voy. *Mornas.*

Naris. Voy. Rigaudus.

Neireu (Nerei, Nerie, Nireiacum) 14, 31, 39, 55, 56, 59, Voy. Gillelmus, Willelmus. — Neyrieu ; Ain, commune de Saint-Benoît.

Nelietz, Nelyetz, Nelyez, capellanus Burgundii, 70, 71, 72.

Nivolas (Nivulas), 52, 60. Voy. Johannes.— Nivolas-Vermelle, canton de Bourgoin.

Novelli, 65.

Novelli (Sieboldus). Voy. Sieboldus.

Odricus Garnier, 87.

Ogerius, 57.

Ogerius Tivelz, 61.

Oldricus, 87.

Oldricus. frater Aimari del Baz. Voy. Hucdricus.

Oliverius de Valz, de Valt, de Vaus (Oliverus de Vallibus, de Valt), 3, 6, 7, 8, 12, 13, 24, 36, 55, 57, 79, 82, 90.

Omarus Gongai, 87.

Ostries, 23, 26. — Ytraz, commune de Saint-Alban-de-Roche.

Otgiers Arbolt, 49,
Olgiers Durelz, 46.

Pacenou, 45, 46.
Painel. Voy. Landré.
Palanis. Voy. Guido.
Palu (la), 46. Voy. Andreas.
    L'Epalud, commune de Doma-
    rin.
Paniers. Voy. Barnardus.
Pannussas (*Panosas*), 32, 46.
    Voy. Guigo, Willelmus. —
    Panossas, canton de Crémieu.
Papo, Voy. Guichardus.
Pascalt (Paschalis), 3, 8, 9, 24.
Pascalt (Petrus). Voy. Petrus.
Paschalis. Voy. Pascalt.
Paschasius (frater), 69, 73.
Paunas, 30. — Ponas, commune
    de Bonnefamille, canton de la
    Verpillière.
Pelavini. Voy, Petrus.
Pellaz. Voy. Bernadus.
Pellicerii Voy, Richardus.
Pero de Forches, 77.
Pero Pol, 90.
Peron Monniers, 91. Voy. Petrus
    Molendinarus.
Peronaz, filius Peronelle, 88.
Peronella, mater Peronaz, 88.
Peronella, soror Jofredi d'Illate,
    88.
Peronia, uxor Bosonis d'Es-
    pinee, 29.
Peronis de Geneveis (Petrinus
    Gebennensis, Petrus Geben-
    nensis), 62, 70, 92.
Petrinus Gebennensis = le pré-
    cédent.
Petronilla, soror Gaufredi de
    Illata, 58.
Petrus Bochuz, 69.
Petrus Boiron, 48.
Petrus Bru (Brun, Bruns, Brus),
    45, 50, 53, 63, 75, 76, 83.
Petrus, capellanus, 37.
Petrus, clericus de Chatonnai,
    66.
Petrus, clericus de Varaipu, 28.
Petrus de Breiseu, 35, 36.
Petrus Coste (de Costa, de Costo,
    de Cota, de la Costa), frater
    Templi, 2, 3, 6, 7, 8, 12, 13, 14,
    17, 18, 19, 20, 21, 22, 23, 24,
    25, 28, 29, 30, 31, 32, 33, 34, 35,

36, 37, 40, 42 ; — preceptor
    Templi Vallium, 9.
Petrus de Culino, 46.
Petrus d'Espina, 75, 76.
Petrus de Falaver, 32.
Petrus de Illata (de Illate, d'Il-
    late, de Lielate, de l'Islata), 22,
    46, 48, 49, 53, 54, 57, 60, 89.
Petrus de Lai, 62, 63, 64.
Petrus de Maiseu, de Maseu
    (frater), 54, 62.
Petrus de Quince, 88.
Petrus de Romelie, 57.
Petrus de S° Germano (S¹ Ger-
    mani), 14, 46, 49, 50, 75, 76.
Petrus de S° Johanne, 85
Petrus de S° Martino, nepos Gi-
    rini de Brens, 59.
Petrus de S° Paulo, 66.
Petrus de Solers, 4.
Petrus Dia, 14.
Petrus Donzella, 5, 11.
Petrus Eschot, 46.
Petrus Escofer, Escofers (frater),
    39, 78, 92.
Petrus Esjamperius, 50.
Petrus Faber, frater Templi, 2,
    3, 7, 8, 9, 13, 17, 20, 22, 25, 28,
    29, 30, 31, 32, 33, 36, 40, 42.
Petrus, filius Audemari de Den-
    taiseu, 26.
Petrus, filius Bornonis de Ma-
    neiseu, 74.
Petrus, filius Petri Lagerii, 28.
Petrus, filius Petri Rovoiri, 31.
Petrus, filius Rostanni Fabri, 23.
Petrus Gabet, 71.
Petrus Gafuers, 62.
Petrus Galters (Galterus, Gau-
    ters, Gauterius), 49, 75, 76, 81.
Petrus Gebennensis. Voy. Pero-
    nis de Geneveis.
Petrus Isardi, 54.
Petrus Lagerii (Lagiers), 28, 39.
Petrus Loaurencus, 4.
Petrus Molendinarius (Mone-
    rius, Moniers, Monners, Mon-
    niers, Mugnarius, Mugnerius,
    Mulners), 49, 54, 56, 59, 67, 71,
    77, 78, 79, 82, 90.
Petrus Pascalt, 8.
Petrus Pelavini, 69, 70, 71.
Petrus Pilais, 78.
Petrus Pistor, 52.
Petrus Pochartus, 60.

Petrus Rovoiri (Rovorie, Rovoy-
ria), 1, 16, 21, 31, 39.
Petrus Rufus (Ruffus), 9, 39.
Petrus Vilans (Villanus), 53, 88.
Petrus Pilais, 78.
Pins, 39, 45. — La Tour-du-Pin?
Pistor. Voy. Ansellmus, Boso,
Petrus.
Plata. Voy. *En plata*.
Pochartus. Voy. Petrus.
Pol. Voy. Pero.
Pola, uxor Bernardi Mestralz,
65.
Pollos. Voy. Garnerius.
Poncio, 39.
Poncio Raschet, 29.
Poncius de Campis, 39.
Poncius, filius Bornonis de Ma-
neiseu, 74.
Poncius Guichardus, 65.
Pontius de Brens, 55.
Porierius. Voy. Barnardus.
Porta. Voy. Genesius, Girardus
de la —.

Quince, 88. Voy. Petrus de —.
Quincenas, 47, Voy. Galterius.—
Quinsonnas, commune de Sé-
rézin, canton de Bourgoin.
Quincia, (nemus de), 80, 82. —
Quincias, lieu dit ; communes
de Roche et de Four.

Rachacens, 39. Cf. Raschat.
Radulfus, clericus, 54.
Radulfus de Montballer, (de
Monteballer), 36, 39.
Rafurn (Ratfornt), 23, 37. —
Le Raffour.
Rainaldus de Bux (Rainaudus
de Bois, de Buxo ; Rainax de
Bux ; Raynaudus de Buxo),
44, 62, 69, 73, 86.
Rainardus, 51.
Rainardus Molendinarius, frater
Templi, 49.
Rainarnus de Furs, 41.
Rainaudus de Bois, de Buxo.
Voy. Rainaldus de Bux.
Rainax de Bux = le précédent.
Rainerus, 88.
Raschat. Voy. Aymo.
Raschaz. Voy. Martinus.
Raschet, Voy. Poncio.
Ratfornt. Voy. *Rafurn*.

Ravais. Voy. Antelmus.
Raynaudus de Buxo. Voy. Rai-
naldus de Bux.
Raynoudus de Tribus, 72.
Reestanz. Voy. Bernardus.
Reidus. Voy. Hugo.
Renoldus, clericus, 87.
Revoz. Voy. Gillelmus.
Richardus, clericus capellani de
Fallaver, 74.
Richardus (frater), 73.
Richardus Pellicerii, 54.
Rigaldi. Voy. Willelmus.
Rigardus Valorie, preceptor
Templi, 92.
Rigaudus Naris. 14.
Ripaus (terra de), 59. — Ripas,
ancien lieu dit de la com-
mune de Roche.
Robertus, nepos Ademari Se-
nioreli, 40.
Roboudus, 62.
Roboudus. Voy. Jhoannes.
Roca (Rochi), 9, 32, 34, 47, 51,
59, 63, 80. Voy. Girardus, Se-
nioretus, Senoret. — Roche,
canton de la Verpillière.
Rodulfus de Furno, 23.
Rodulfus de Templo, 23.
Roi (Roy), 75, 76, 87. Voy. Berlo,
Borne. — Ruy, canton de
Bourgoin.
Romacon, 12, 47. — Ancien lieu
dit de la commune de Four.
*Romanasche (Romanesches, Ru-
manesches, Rumanesges)*, 43,
44, 47, 54, 66, 81, 89. Voy.
Aemarus. — Romanèche, com-
mune de Rochetoirin, canton
de La Tour-du-Pin.
Romanus Bonivini, 23.
Romelie, 57, Voy. Petrus. Cf.
Rumileu.
Rosgimoul. Voy. Durandus.
Rostagnus de Chacin, Chacins
(Rostannus de Chaceu), 2, 6,
31, 40, 43, 44, 47.
Rostagnus. Voy. Guillelmus.
Rostains Agret (Rostangnus Ai-
grat, Rostannus Esgratz), 28,
60, 66.
Rostangnus de l'Isla, 53.
Rostannus de Chaceu. Voy.
Rostagnus de Chacin.
Rostannus Faber, 23.

Stephanus Marigler, 46.
Stephanus Molendinarius (Mulners, Muners), 49, 75, 76.
Stephanus, sacerdos, 82.
Stephanus Salavin, 53, 54.
Sufredus, nepos Morardi de S. Johanne, 35.
Suffredus, 73.
Suffredus, pater Berlionis, 72.

Tablon, 54.
Tacon. Voy. Boso.
Templum. Voy. Rodulfus.
Tener, 63.
Tericus de Septemo, 6.
Terrace, Terraci (frater Michael), 54, 61, 62, 63, 65, 87, 88, 90.
Thivelt (Tivelt, Tivelz, Tives), 14, 19, 49, 50, 61, 69, 87. Voy. Galterus, Hugo, Ogerius.
Til. Voy. Hismido, Hugo *del*.
Tireu, 77, 79, 82. Voy. Barnardus. — Tirieu, commune de Courtenay, canton de Morestel.
Torchifelloni, 63. Voy. Willelmus. — Torchefelon, canton de La Tour-du-Pin.
Tornt. Voy. Berlio.
Treslautar, 10, 12. Voy. Arbertus, Gillelmus, Giroldus.
Tribus. Voy. Raynoudus.

Ubers Escofers, 92.
Udricus de Septemo (Uldricus, filius Hismidonis de Septemo), 28, 56.
Ugo Bolat, 92.
Ugo de Chacins, 2.
Ugo de Lai. Voy. Hugo.
Ugo de Mosas, 54.
Ugo del Til, 87.
Ugo del Vernei, 74.
Ugo de S° Germano. Voy. Hugo.
Ugo Malet (Maletz, Malez). Voy. Hugo Maletz.
Ugo Segnoraz, 90.
Ugo S' Germani. Voy. Hugo de S° Germano.
Ugo Tives. Voy. Hugo, frater Galteri Tivelt.
Uldricus dels Balt. Voy. Hucdricus, frater Aemari del Baltz.
Uldricus Eschot. Voy. Hucdricus.
Uldricus, filius Hismidonis de

Setemo. Voy. Udricus de Septemo.
Uldricus, frater Duranni clerici, 28.
Uldricus Gurrani, 46.
Umarus Faber, 84.
Umbertus Granet (Unbertus Granaz), 60.
Umbertus del Gua, nepos Girini de Brens, 59.
Umbertus de Brens, 62.
Unbertus Granaz. Voy. Umbertus Granet.
Unbertus, nepos Aimardi et Ugonis Malet, 57.
Unbertus, nepos Senoret de Roca, 59.
Unbertus Sibois, 60.

Valerius, 60.
Valleis (*Valles*, *Vallis*, *Vall*, *Valtz*, *Valz*), 3, 5, 6, 7, 9, 17, 18, 20, 21, 22, 24, 27, 33, 36, 39, 42, 43, 46, 47, 51, 52, 55, 57, 62, 68, 74, 80, 81, 82, 84, 90, 92. Voy. Aemarus, Bonet, Durandus, Garinus, Girardus, Gido, Guilelmus, Oliverius. — Vaulx, commune de Vaulx-Milieu.
Vallis-Aurea (*Valloiri*, *Vallore*, *Vallori*, *Valoria*), 6, 43, 52, 80, 89, 92. — La Valloire (Isère).
Veriseu. Voy. Guido.
Vermelle, 92. — Vermelle, commune de Nivolas - Vermelle, canton de Bourgoin.
Verna (monachi hospitalis de), 9. — La Verne, commune de la Verpillière.
Verne. Voy. Gauters.
Vernei (*el*), 68, 74. Voy. Ugo del —.
Vernosclo (*Vernusclu*), 19, 28. Voy. Johannes.
Via. Voy. Johannes de —.
Vibodus (Viboudus, Vibounz), 9, 62, 63, 68, 69, 70, 72, 73, 74, 86. Voy. Johannes.
Vienensis (civa), 51.
Vienna, 16, 37. — Vienne (Isère).
Vifredus, capellanus de l'Isla, 36.
Vila (*Villa*), 25, 39, 46, 62, 84. — Voy. Boso, Servis. — Vil-

lefontaine, canton de la Ver-
pillière.
Vilans (Villanus) Voy. Petrus.
Vilelmus li Ganeres (frater), 38.
Villa. Voy. *Vila.*
Villanus, Voy. Vilans.
Villa-Orbana, 38. Voy. Guillel-
mus de —. Villeurbane (Rhô-
ne).
Villelmus, capellanus Templi.
Voy. Guilelmus sacerdos ec-
clesie Templi.
Villelmus, clericus de Fors, 82.
Villelmus de Furno. Voy. Guil-
lelmus del Furn.
Villelmus del Boschet. Voy.
Gillelmus del Boschet.
Villelmus, filius Petri Rovoiri.
Voy. Guillelmus.
Villelmus Templi, 25.
Viras. Voy. Jachemez.
Vireiacum, 31.— Virieu ; ancien
lieu dit de la commune de
Roche.
Vireus. Voy. Johannes.
Vitfredus. Voy. Arnoldi.
Vitozt. Voy. Joant.
Vola. Voy. Martinus.
Vulantz. Voy. Aemarus de —.

Willelma del Balz (mater Aemari et Hucdrici del Baltz).

Voy. Guillame, mater Aimari
et Oldrici del Baz.
Willelma, filia Rostanni de
Chacen, 47.
Willelmus Aullom (Aullons), 62,
86.
Willelmus Athenolfus, 66, 68.
Willelmus Berardi (Berart), 50,
54.
Willelmus, capellanus, 56.
Willelmus Crozet, 54.
Willelmus del Buschet. Voy.
Gillelmus del Boschet.
Willelmus de la Mota, 66.
Willelmus dels Balt, 50.
Willelmus de Nerei, 55, 56, 59.
Willelmus de Panossas, 46.
Willelmus de Torchifelloni, 68.
Willelmus de Valt, 84.
Willelmus, filius domine de
S° Boneto (W. Maletz). Voy.
Villelmus, filius Gauterii Ma-
let.
Willelmus Matheus, 74.
Willelmus, medicus de la Bal-
ma, 80.
Willelmus Rigaldi, 49.
Wisfredus de Leens 66.

Ysardi (Ysarz). Voy. Johannes
Isardi.